U0612507

/ 当代世界农业丛书 /

土耳其农业

李春顶　主编

中国农业出版社
北　京

当代世界农业丛书编委会

主　任：余欣荣

副主任：魏百刚　唐　珂　隋鹏飞　杜志雄　陈邦勋

编　委（按姓氏笔画排序）：

丁士军　刀青云　马学忠　马洪涛　王　晶

王凤忠　王文生　王勇辉　毛世平　尹昌斌

孔祥智　史俊宏　宁启文　朱满德　刘英杰

刘毅群　孙一恒　孙守钧　严东权　芦千文

苏　洋　李　岩　李　婷　李先德　李春顶

李柏军　杨东霞　杨敏丽　吴昌学　何秀荣

张　悦　张广胜　张永霞　张亚辉　张陆彪

苑　荣　周向阳　周应恒　周清波　封　岩

郝卫平　胡乐鸣　胡冰川　柯小华　聂凤英

高　芳　郭翔宇　曹　斌　崔宁波　蒋和平

韩一军　童玉娥　谢建民　潘伟光　魏　凤

土 耳 其 农 业

当代世界农业丛书

本 书 编 写 组

主　　编：李春顶

编写人员（按姓氏笔画排序）：

王成男　田　奥　李　娟　李董林　杨泽蓁

张杰皓　张津硕　张瀚文　林　欣　章　润

谢慧敏

序

| *Preface* |

2018 年 6 月，习近平总书记在中央外事工作会议上提出"当前中国处于近代以来最好的发展时期，世界处于百年未有之大变局"的重大战略论断，对包括农业在内的各领域以创新的精神、开放的视野，认识新阶段、坚持新理念、谋划新格局具有重要指导意义。农业是衣食之源、民生之基。中国农业现代化取得举世瞩目的巨大成就，不仅为中国经济社会发展奠定了坚实基础，而且为当代世界农业发展提供了新经验、注入了新动力。与此同时，中国农业现代化的巨大进步，与中国不断学习借鉴世界农业现代化的先进技术和成功经验，与不断融入世界农业现代化的进程是分不开的。今天，在世界处于百年未有之大变局、世界经济全球化进程深入发展、中国农业现代化进入新阶段的重要历史时刻，更加深入、系统、全面地研究和了解世界农业变化及发展规律，同时从当代世界农业发展的角度，诠释中国农业现代化的成就及其经验，是当前我国农业工作重要而紧迫的任务。为贯彻国务院领导同志的要求，2019 年 7 月农业农村部决定组织编著出版"当代世界农业丛书"，专门成立了由部领导牵头的丛书编辑委员会，从全国遴选了相关部门（单位）负责人、对世界农业研究有造诣的权威专家学者和中国驻外使馆工作人员，参与丛书的编著工作。丛书共设 25 卷，包含 1 本总论卷（《当代世界农业》）和 24 本国别卷，国别卷涵盖了除中国外的所有 G20 成员，还有五大洲的其他一些农业重要国家和地区，尤其是发展中国家和地区。

在编写过程中，大家感到，丛书的编写，是一次对国内关于世界农业研究力量的总动员，业界很受鼓舞。编委会以及所有参与者表示一定要尽心尽责，把它编纂成高质量权威读物，使之对于促进中国与世界农业国际交流与合作，推动世界农业科研教学等有重要参考价值。但同时，大家也切实感到，至今我国对世界农业的研究基础薄弱，对发达国家（地区）与发展中国家（地区）的农业研究很不平衡，有关研究国外农业的理论成果少，基础资料少，获取国外资料存在诸多不便。编委会、各卷作者、编审人员本着认真负责、深入研究、质量第一的原则，克服新冠肺炎疫情带来的诸多困难。编委会多次组织召开专家研讨会，拟订丛书编写大纲、制订详细写作指南。各卷作者、编审人员千方百计收集资料，不厌其烦研讨，字斟句酌修改，一丝不苟地推进丛书编著工作。在初稿完成后，丛书编委会还先后组织农业农村部有关领导和专家对书稿进行反复审核，对有些书稿的部分章节做了大幅修改；之后又特别请中国国际问题研究院院长徐步、中国农业大学世界农业问题研究专家樊胜根对丛书进行审改。中国农业出版社高度重视，从领导到职工认真负责、精益求精。历经两年三个月时间，在国务院领导和农业农村部领导的关心、指导下，在所有参与者的无私奉献、辛勤努力下，丛书终于付梓与读者见面。在此，一并表示衷心感谢和敬意！

即便如此，呈现在广大读者面前的成书，也肯定存在许多不足之处，恳请广大读者和行业专家提出宝贵意见，以便修订再版时完善。

原欣荣

2021 年 10 月

前　言
|Foreword|

自古以来，西亚就是中国外交的重要领域，也是"一带一路"建设的重点区域，与中国的经贸及农业合作持续快速发展。土耳其作为西亚地区与中国经贸合作最频繁的国家之一，双边合作不断展现蓬勃生机和活力，农业合作持续迈上新台阶。

2009年6月，中土签署7份双边合作文件，双边经贸广度不断拓展。2012年4月，土耳其中国工业园项目正式启动，集聚了一批有实力、有信誉的中国企业，包含轻工、纺织、汽车装配、机械电子、五金建材、钢铁及机械设备制造、高科技新能源等领域。2015年11月，在二十国集团领导人安塔利亚峰会期间，中国政府与土耳其政府签署了《关于将"一带一路"倡议与"中间走廊"倡议相衔接的谅解备忘录》，为双方在"一带一路"框架内推进各领域合作提供重要政策支持；同年，中国人民银行与土耳其中央银行续签了双边本币互换协议，互换规模扩大至120亿元人民币（50亿土耳其里拉）。2020年，中土贸易额240.8亿美元，在新冠肺炎疫情背景下实现同比增长15.6%的骄人成绩。

土耳其是西亚的主要农业大国之一，农业产值占国内生产总值（GDP）的比重约为20%，在粮食作物、蔬菜和水果的种植和贸易上都具有优势。为了更好地了解土耳其农业发展的状况，发掘中国与土耳其的农业合作空间与潜力，推动"一带一路"农业合作的深化，我们编写了本书，系统梳理了土耳其农业的发展状况。

本书细致梳理了土耳其的经济形势、农业、人口、土地、政策的历史沿革，并侧重分析了近年来的新变化及发展方向，期望全面展现土耳其农业的现状。本书写作中使用了联合国贸易数据库（UN Comtrade）、联合国粮食及农业组织（FAO）、经济合作与发展组织（OECD）、世界银行

（WB）等国际组织及各国统计局、政府官方网站的数据信息。

　　本书编写过程中，得到了农业农村部领导、相关司局领导和专家，农业农村部对外经济合作中心和农业贸易促进中心的专家，中国农业大学经济管理学院专家及老师们的大力支持和指导。中国农业科学院农业经济与发展研究所贾伟审阅了全部书稿，并提出了宝贵意见。谨向关心支持本书出版的所有人士表示衷心感谢！

编　者

2021 年 10 月

目　录

| Contents |

序

前言

第一章 CHAPTER 1
土耳其农业资源 ▶▶▶

第一节　土耳其国土资源

一、国土面积

土耳其共和国（土耳其文：Türkiye Cumhuriyeti，英文：The Republic of Turkey），地理位置十分优越，国土总面积 783 562 平方千米，包括西亚的小亚细亚半岛（安纳托利亚半岛）和南欧巴尔干半岛的东色雷斯地区，其中 97% 的国土位于亚洲，3% 的国土位于欧洲的巴尔干半岛。

土耳其位于亚洲的最西部，是一个横跨欧亚两洲的国家。三面环海，北临黑海，南临地中海，东南与叙利亚、伊拉克接壤，西临爱琴海，并与希腊以及保加利亚接壤，东部与格鲁吉亚、亚美尼亚、阿塞拜疆和伊朗接壤。由于其地理位置险要，土耳其成为中东地区的兵家必争之地。此外，世界著名的博斯普鲁斯海峡和达达尼尔海峡（合称为：黑海海峡）连接了小亚细亚半岛和巴尔干半岛，横贯土耳其西部，将黑海和地中海连成一片。由此可以看出，土耳其位于亚欧交汇处，称得上亚洲与欧洲的"十字路口"（表 1-1）。

表 1-1　国土分类及范例

分类标准	临界国土面积（平方千米）	示例国家	土耳其所在区间
巨型国家	S＞500 万	俄罗斯、加拿大、中国、美国、巴西、澳大利亚	
超大型国家	100 万≤S＜500 万	印度、阿根廷、哈萨克斯坦、阿尔及利亚	
大型国家	50 万≤S＜100 万	坦桑尼亚、委内瑞拉、巴基斯坦、纳米比亚	√

二、国土资源构成

受到气候、地形地貌的影响，土耳其土壤类型多样。土壤一般分为沙质土、黏质土、壤土三类。从土壤类型划分来看，在土耳其较为湿润地带，土壤主要有红色灰化土，土层较薄且发育不成熟，多为森林；在土耳其较为干燥的地区，即安纳托利亚半岛的内陆和东南部，主要是红色土壤和棕色土壤，多为钙质土，适合发展灌溉农业。

从水资源环境来看，土耳其境内水系发达，拥有黑海、马尔马拉海、爱琴海、地中海、波斯湾、里海、内陆流域七大水系的几十条河流。除此之外，它还拥有杰汉河、塞汉河、克泽尔河、德雷斯河、埃尔内斯河、萨卡里亚河等。土耳其沿海地区降水量较多，其中，黑海南岸东卡德尼兹山地区年平均降水量为 1 500 毫米，黑海东岸的边境地带年平均降水量高达 2 800 毫米，中原地区年平均降水量约为 250 毫米。丰富的水资源成为土耳其发展特色农业，尤其是种植业的重要基础。

三、地形、地貌及地理特征

从土耳其的地形、地貌以及地理特征来看，整体地势呈东高西低的态势，其境内多为高原和山地，仅沿海有狭窄的平原。

土耳其地理位置优越。地处亚、非、欧三洲交界处，东可辐射中东及中亚，北可通过黑海连接乌克兰等国，南可经地中海与北非相连。土耳其因其地理位置优越、市场辐射面非常大，是进军北非、东欧及中东市场的桥头堡和重要中转站。

土耳其地势起伏。在土耳其北部，从黑海向内陆延伸 150～200 千米的土地，属于土耳其北部的褶皱带。由于火山较多，火山喷发物、黏土、砂岩和石灰在这里均有分布。马尔马拉海四周地势较低，很少有超过 1 000 米的高地；但是在萨卡黑河以东，则分布着高耸而陡峭的山脉；克泽尔河和耶库尔河之间的地质情况比较复杂，分布着较多高耸的山脉。土耳其边境地势也较为起伏，其中，与阿塞拜疆共和国边界之间的地形起伏较大。

从地形环境来看，该国境内多为高原和山地，地势东高西低，东端的阿勒山（又译亚拉腊山、亚拉拉特山）有全国最高峰，海拔 5 165 米，中部有安纳托利亚高原，平均海拔 800～1 200 米，北部有多条山脉自西向东与黑海平行，西部的山脉不高，但与爱琴海大致垂直，从而形成了蜿蜒曲折的海岸线，以及无数景色优美的海湾和半岛。

土耳其中央的地带是从爱琴海岸向内陆延伸，构成了安纳托利亚高原的主体，其位于亚洲西部小亚细亚半岛，在土耳其境内。北临黑海，南临地中海，东隔内托罗斯山与亚美尼亚高原相邻，西至土耳其西部地区。面积约 50 万平方千米，地势自东向西逐渐降低，这一带地势高低起伏。安纳托利亚像一座桥连接着亚洲和欧洲大陆。安纳托利亚高原是一个位于中心地区的半干旱大高原，四周由连绵的山丘和山脉围绕。很多地方都受到地理上的限制，在空间上造成了稠密的人口聚居在海岸地区。这一带平坦和微微倾斜的土地很稀少，而且大部分位于哈利河（Halys River）三角洲、西利西亚省（Cilicia）的滨海平原，以及盖迪兹河（Gediz River）谷底和比约克湾河（Büyükmenderes River），还有部分安纳托利亚内陆的高处平原，尽管地势比较复杂，分布还是比较集中，主要围绕在塔斯哥路盐湖和科尼亚盆地（Konya Ovas）。

土耳其西部是其真正的低地，位于黑海和地中海一小部分的狭窄海岸线形成的区域——小亚细亚半岛。小亚细亚半岛东西长约 1 000 千米，南北宽约 600 千米，面积 52.5 万平方千米。半岛主体为安纳托利亚高原，北、东、南三面被第三纪褶皱山脉环绕：北侧有庞廷山脉，海拔 2 000～2 500 米；南侧为托罗斯山脉，海拔 2 000～3 000 米。高原中部起伏不平，海拔 800～1 200 米，夹有盆地和平原。安纳托利亚高原南北两侧山地向东汇合为亚美尼亚高原，高原大部为 3 000～4 000 米，地势高耸多山，熔岩广布。安纳托利亚高原以西，山脉向西延伸，与爱琴海海岸直交，近海形成低山与谷地相间分布的里亚斯式海岸。土耳其南部地区有明显的褶皱轮廓，托罗斯山脉构成了土耳其南部的主体，从爱琴海向伊斯德湾延伸，又沿着阿拉伯地谷北缘转向东北部，一直向东延伸。这里的地形是破碎的，山脊痕迹也不明显。

第二节　土耳其土地资源

一、土地资源总量及构成

土耳其土地类型是指土地按其自然属性（综合自然特征）的相似性和差异

性划归的类别。在利莫尔的早期研究中，根据土地类型的具体内涵，将土地类型分为四类，即热带雨林、干燥、中等潮湿和轻度潮湿四类。LAND1 为国土中热带雨林气候所占的面积，LAND2 为国土中干燥气候所占的面积，LAND3 为国土中中等潮湿气候所占的面积，LAND4 为国土中轻度潮湿气候所占的面积。刘拥军（2004）根据美国信息技术协会网站（PCITA），利用当今国际较为流行的地标植被分类法，分为以下五类：LAND1 为可耕地面积；LAND2 为永久作物面积；LAND3 为永久性草地面积；LAND4 为森林和木材林面积；LAND5 为其他土地面积。

依照上述分类，根据联合国粮食及农业组织（FAO）的报告，2017 年土耳其的永久性农作物用地面积为 3 348 千公顷、耕地面积为 20 036 千公顷、永久性草地和牧场面积为 14 617 千公顷、森林用地面积为 11 920 千公顷，从表 1-2 可以看到，2010—2017 年，土耳其耕地面积有所减少，但永久性农作物用地面积有所增加，这表明土耳其在农业方面更加重视农作物的耕作生产；永久性草地和牧场面积为 14 617 千公顷维持不变，森林用地面积增加了 6.4%。

表 1-2　土耳其土地类型面积

单位：千公顷

年份	永久性农作物用地面积	耕地面积	永久性草地和牧场面积	森林用地面积
2010	3 011	21 384	14 617	11 203
2011	3 091	20 539	14 617	11 305
2012	3 213	20 577	14 617	11 408
2013	3 232	20 574	14 617	11 510
2014	3 238	20 699	14 617	11 613
2015	3 284	20 650	14 617	11 715
2016	3 329	20 382	14 617	11 817
2017	3 348	20 036	14 617	11 920

数据来源：联合国粮食及农业组织（FAO）。

从耕地占比角度看，虽然这个国家的国土面积不小，但是可利用的土地资源却比较有限，尤其在中部占去偌大面积的安纳托利亚高原上表现得最为明显。土耳其国内优质农田主要集中在南部和东南部、科尼亚盆地、色雷斯地区等，其他地区的可耕地大多呈零散小块状，分布于山谷和盆地之间。

二、土地资源的区域分布

土耳其土地资源丰富，但土地资源构成具有多样性。土耳其人赖以生存的土地西起巴尔干半岛，东至高加索地区，北临黑海，南濒临地中海，绵延1 000英里①，在欧洲是除了俄罗斯以外，国土面积最大的国家。土耳其气候温和、地貌复杂，是世界上植物物种最丰富的国家之一。土耳其三面环海，海岸线绵延3 117.31英里，有爱琴海和地中海沿岸保存最好的沙滩。

土耳其西北角的马尔马拉地区（Marmara Denizi）包括东色雷斯（Eastern Thrace），从埃迪尔内（Edirne）延伸到伊斯坦布尔，是高低起伏的草地和向日葵种植区，当地经济以农业、渔业和轻工业为主。

托罗斯山脉是土耳其南部的山脉，构成土耳其地中海地区的脊梁。特瓜斯海滨由西向东从马尔马里斯的游艇码头，经由繁华的城市安塔利亚，延伸至东部的农业和商业城市阿达纳。该地区主要以种植棉花、谷物、蔬菜和香蕉为主。

土耳其中部地区是安纳托利亚地区，是山脉、大河、咸水湖以及淡水湖纵横交错的高原区域，土地既适合种植麦子、棉花和西瓜，又可以放牧。安卡拉是土耳其的首都，它曾是一个古罗马小镇，发展至今已经充满现代化建筑。这个肥沃的海滨地区雨量充沛，樱桃、榛子、乳制品、茶和烟草等常分布于此。

安纳托利亚东南部气候极为炎热干燥，适合灌溉农业、牧羊等农牧产业。在安纳托利亚东南部建立了适宜灌溉的大型基础设施，这不仅促进了本地区的农业发展，同时还惠及周边干旱的地区。东部地区多山，气候凉爽、雨量中等，农业条件相对恶劣，当地农民主要种植麦子和从事放牧。

三、农业土地资源

农业是土耳其的基础产业。土耳其的地形地貌可谓十分独特，普遍的断层和褶皱，再加上脆弱构造线的地壳运动，造成土耳其地震频发。在其比较湿润的地带，如黑海南岸东卡德尼兹山地区以及黑海东岸等地区，年降水量均在

---

① 英里为非法定计量单位，1英里≈1.609千米。

1 000毫米以上，这里主要有红色灰化土，土层较薄且发育不成熟，森林也较多。而在土耳其较为干燥的地区，即安纳托利亚半岛的内陆和东南部，土壤类型主要以棕土和红色土壤为主，且多为钙质土壤，这里的农作物普遍耐旱性强，多为旱作谷物，适宜发展灌溉农业。在土耳其最为干燥的地区，即爱琴海与马尔马拉海沿岸河谷，塞汉河、杰汉河、克泽尔河以及耶库尔河的三角平原，安纳托利亚半岛东中部的盆地，这里的土壤类型主要为灰钙土，是一种半沙漠性质的土壤，这一部分土壤的总面积仅占土耳其国土总面积的5％，但却是土耳其境内农业发展潜力巨大的地区。

从气候因素来看，土耳其沿海为非典型的地中海气候，中部大部分地区为温带大陆性气候，降水量不多，形成温带草原，适合发展乳畜业；土耳其东部和南部为高原山地气候，气候较为寒冷，有大片的高山草甸和草原，适合发展畜牧业。总体来看，土耳其拥有良好的地理和气候条件，70％的国土适合用于农业耕种，可耕地面积达23.7万平方千米，良好的条件也使得畜牧业成为土耳其经济的重要领域之一。

第三节　土耳其劳动力资源

一、人口概况

土耳其是一个人口众多，由多民族组成的国家，到2019年，土耳其人口已经达到8 315.5万，人口增长率约为2％。从年龄结构来看，土耳其人口的平均年龄仅有27岁，全国大约有40％的人口年龄不足15岁。从这方面来看，土耳其人口结构比较年轻，可称为一个"年轻"的国家。从男女性别结构来看，土耳其男女比例大约为49.9∶50.1，性别比例基本平衡。从城市化率方面来看，2019年土耳其城市人口为6 309.78万左右，占土耳其总人口的75.9％，这样看来，相较于一般的发展中国家，土耳其的城镇化率是较高的。23％的城市人口居住在伊斯坦布尔、伊兹密尔和安卡拉这三大城市。

二、劳动力发展现状

（一）劳动力规模与失业状况

劳动力规模方面。土耳其行政区划等级为省、县、乡、村。全国共分为

81省、约600个县、3.6万多个乡村。2017年土耳其劳动人口为3 127万，这一数值从2013年的2 779万一直呈现增长态势，劳动力指标在周边国家中处于中等偏上水平。其中，伊斯坦布尔的劳动力规模在其81个省中最高，占全国总劳动人口达18.57%；首都安卡拉省居第二位，占6.72%。

就业人数方面。2020年6月，土耳其就业人数为2 726.3万人，较上一年略有增长；就业率方面也略有提升，提升至42.6%；长期失业率为2.8%，较2019年有所降低，其中，青年失业率高达25.9%；劳动力成本为257土耳其里拉/月，较上一年同期略有提高，说明企业的劳动力成本轻微上升，不利于促进土耳其国内就业的增长；最低工资、高技能工资与低技能工资没有发生改变，其中低技能工资较高技能工资低1 000土耳其里拉/月，技能工资变化基本稳定（表1-3）。

表1-3 土耳其近期就业数据对比

劳动力指标	近期数据	参考日期	前次数据	前次日期
就业人数（千）	27 263	2020.6	26 531	2019.5
就业率（%）	42.6	2020.6	41.6	2019.5
长期失业率（%）	2.8	2020.6	3.4	2019.5
青年失业率（%）	25.9	2020.6	26.1	2019.5
劳动力成本（土耳其里拉/月）	257	2020.6	221	2019.5
最低工资（土耳其里拉/月）	2 943	2020.6	2 943	2019.5
高技能工资（土耳其里拉/月）	2 380	2020.6	2 380	2019.5
低技能工资（土耳其里拉/月）	1 380	2020.6	1 380	2019.5

数据来源：*Trading Economics*，作者整理。

（二）劳动力老龄化与人口红利

首先，土耳其劳动力结构处于平稳，一半以上的人口居住在城市，其中23%的人居住在伊斯坦布尔、伊兹密尔和安卡拉这三大城市。预计到2023年，土耳其人口将达到8 690万，2040年将突破1亿，预计人口将保持增长势头到2069年，达到1.076亿。

从劳动力供给方面来看，土耳其人口的平均年龄仅有27岁，全国大约有40%的人口年龄不足15岁，从这方面来看，土耳其人口结构比较年轻，全国并没有进入老龄化社会，劳动力供给基本不存在问题。

其次，土耳其的人口红利不仅表现在"量"上，还表现在"质"上。从劳动力质量方面来看，2010—2017年，受教育程度劳动力占比情况呈现出高等教育优先特点，高等教育劳动力占总劳动力比重是中等教育劳动力的近两倍，这一特点在7年间几乎没有发生改变，2010年为2.19倍，到2017年稍有降低，为1.63倍。可以看出，土耳其劳动力市场偏向于受高等教育的劳动力，同时在一定程度上也反映了土耳其劳动力市场的质量尚可（图1-1）。

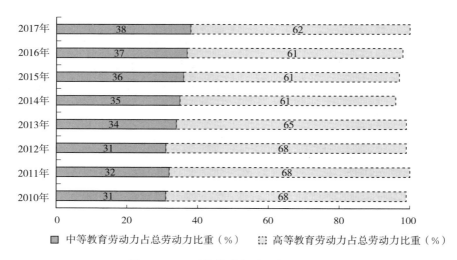

图1-1 土耳其劳动力受教育程度对比

三是土耳其劳动力成本有上升趋势。据 *Trading Economics* 提供的劳动力成本数据显示，2020年6月，土耳其的劳动力成本为256.60土耳其里拉/月，这一数值在2014年同期仅为101.90土耳其里拉/月，6年间上涨了151.8%，从劳动力成本的角度这体现了土耳其人口红利的优势不断减弱。虽然土耳其拥有"年轻"的劳动力资源，但结合成本角度综合考虑，土耳其是否长期具备人口红利，还需考量。

三、劳动力转移及变化趋势

（一）劳动力变化趋势

土耳其共和国作为横跨欧亚两洲的国家，在政治、经济、文化等领域均实行欧洲模式，目前正申请加入欧盟。土耳其政府先后采取多项举措来应对金融危机，主要以减税和提供补贴等方式，来扶持制造业等支柱产业、拉动土耳其的消费、稳定就业形势。土耳其劳动法律主要依据为第 4857 号《劳动法》（以下简称"劳动法"），从社保体系、劳动工时、劳动薪酬等方面做出相关规定。

（二）农村劳动力转移历程

第二次世界大战后，大多数发展中国家才真正启动了农业劳动力转移的历史进程。土耳其也不例外，其农业劳动力转移过程中所面临的背景与发达国家相比具有很大的不同，这主要体现在以下几个方面：

第一，土耳其工业化初期的农业发展水平相对落后，农村劳动力流动受到限制。就农业生产率水平而言，据瑞士经济史学家保罗·Y. D. 贝罗赫提供的材料，20 世纪 70 年代土耳其生产率水平大致相当于欧洲国家产业革命前夕的水平。就农业发展速度而言，第二次世界大战后土耳其发展速度快于西方工业化初期，但若同时考虑人口增长因素，则实际经济增长并不大。由于土耳其工业发展水平低，也无法像英国、日本等发达国家那样通过出口工业品来换回大量农产品。这样一种与西方国家工业化过程中截然不同的农业发展背景，必然会对发展中国家农业劳动力的转移产生十分不利的影响。由于农业生产率水平低，农业难以为工业发展提供大量的剩余产品，从而直接制约着农业劳动力向非农业部门转移的进程。早期土耳其农业发展水平低，农民收入水平很低，进一步制约农村劳动力的流动。即使在一些人口大国，国内工业品的市场容量也极为有限，这一点直接限制了国内工业的扩展和对农业劳动力的吸纳。农产品供给不足使得一些国家不得不把大量宝贵的外汇用于进口农产品，这无疑吞噬掉了工业发展所必需的一部分宝贵资本，也直接影响农业劳动力转移的进程。

第二，20 世纪 60 年代，随着生产规模的不断扩大、产业结构的不断优化以及经济环境的不断变化，土耳其的农村劳动力流动性加强，逐步向城市转移。纺织业、服装加工业、皮革业、旅游业是土耳其最主要的支柱产业，另外，农牧业、采矿业、食品加工业、钢铁、水泥、机电产品、汽车制造等也是土耳其的支柱产业。土耳其曾利用自身具有比较优势的能源产业换取了大量外汇，利用矿产资源积累巨额资本，大大缩短了工业化资本积累的进程，加快了农业劳动力转移的步伐。

20 世纪 60 年代中期以后，发达国家随着工资水平的上升，劳动力成本不断提高，在劳动密集型轻纺工业领域中的比较优势逐渐丧失，纷纷进行产业结构调整，向资本和技术密集型产业转变，土耳其顺势而为，凭借其生产要素比较优势，发展壮大劳动密集型轻纺工业，并利用发达国家弹性很大的市场，迅速扩大了轻纺工业产品的出口，大大加快了农业劳动力转移的进程。

第三，劳动力的变迁总是伴随着产业结构变化。土耳其是西亚古老国家之一（有 6 500 年历史和 13 个不同时期遗迹），地跨欧亚两洲。其滨海地区多海湾和岛屿，风景秀丽，是旅游度假的好地方。数据显示，1980 年，土耳其接待国际游客数量只有 105 万人次，而到 2010 年年底，土耳其接待的国际游客数量已达到 286 万人次，年平均增长率达 6.3%[①]。近年来，土耳其重视发展旅游业，在能源产业以及纺织业的基础上，逐步释放第三产业潜能，其中以旅游业为主导的第三产业首当其冲得到了政府的重视。2005 年，土耳其正式启动加入欧盟的谈判，并开始实行经济结构和社会结构调整，私营部门在旅游业和整个国家经济中的作用和地位日益提高。2007 年，土耳其政府颁布了《2023 年旅游发展战略》，规定其发展目标是，到 2023 年该国接待游客数量和旅游收入两项指标达到世界前五位，全面提升国家的旅游竞争力。

（三）劳动力变化趋势逐步呈现一定的 "产业特征"

旅游业的发展带动当地就业，优化劳动力要素配置，使得劳动力逐步向服务业转移。一方面，旅游是一种源自人类发展本身需要的需求活动，旅游者有效需求的增加可以带动相应的就业；另一方面，旅游资源的开发和旅游基础设施建设的供给创造也进一步扩大了需求，通过提供更多的旅游景点、旅游项目来吸引更多游客，从而也增加了更多就业机会。所以，旅游业成为新时期土耳其农业劳动力流动的关键因素，从旅游供给和有效需求两方面同时带动劳动力流动。

发展旅游业成为土耳其城市化过程中推动农村劳动力流动的重要因素。一方面，旅游业在吸纳农村人口及女性就业等方面作用显著，与其他行业相比，资本与劳动力的比值低，能以较低的投资支出创造出新的就业机会，是城市和农村青少年快速进入劳动力市场的主要途径，特别是在女性就业方面。一般说来，世界旅游业雇佣的女性劳动力比例比其他经济部门雇佣女性劳动力的比例要高。另一方面，土耳其是一个传统的农业国家，农业经济是

---

① 联合国旅游组织官方网站：http://unwto.org/facts/eng/barometer.htm，2011 - 09 - 17。

大多数人口维持生计的手段。在土耳其现代化过程中，新兴的旅游业为当地农业富余的劳动力提供了就业机会。随着经济的进一步发展，农村劳动者可以充分利用自己的积蓄投资，自主经营，如开办旅行社、经营饭店等；其次是寻求提高自身技能的方式，如到大型旅游企业或外资旅游企业工作并得到职位上的提升。作为很多城市和地方对外改革和开放的窗口及现代文明和生活的体现，旅游企业为当地人提供了了解外部世界并接受先进管理理念的理想工作场所。

第二章 CHAPTER 2
土耳其农业生产 ▶▶▶

第一节　土耳其农业生产概述

一、早期农业概述

现今的土耳其有近 2/3 的国土都位于安纳托利亚高原，而历史上的土耳其王朝帝国的经济活动重心也大都集中于安纳托利亚高原及周边地区。由于安纳托利亚高原属于半干旱高原，年降水量稀少且主要集中在冬季，加之地势落差大，导致当地缺乏大型河流资源。因此，在历史上，土耳其地区的农业生产活动只能依靠雨水的形式进行浇灌生产，收成自然很低。

土耳其地区早期种植的谷物主要为大麦和小麦，随着历史变迁，阿拉伯人逐渐进入安纳托利亚地区，稻米才随之从印度及中东地区传入当地，土耳其先民开始在安纳托利亚高原部分河谷湿润地区、沿海部分冲积平原及小型三角洲地区种植稻米，但是小麦种植仍然占据着土耳其谷物生产的龙头地位。由于中东地区大多气候干旱，可用于农业耕作的土地资源稀缺，早期土耳其地区依然大多发展游牧业或半牧业。

具体来看，1299—1923 年，土耳其的农民普遍沿袭休耕和轮种的农作耕种模式，采用的是以家庭为单位进行耕作的传统方式，农业生产工具较为简陋，生产技术也较为落后，属于典型的粗放式生产经营。冬小麦是那一时期最为重要的粮食作物，在秋季播种，于春季收割。值得一提的是，奥斯曼帝国非常重视对外贸易的发展，尤其是对于地中海沿岸国家、中亚及印度各国的对外贸易发展。为了更好地促进对外贸易的发展，充分发挥其贸易地理位置的优势，还特别重视发展国内多元化农作物种植，尤其是对于经济作物的种植。奥斯曼帝国的经济作物种植主要集中在夏季，在奥斯曼帝国的前期，主要播种亚麻、棉花、柑橘、稻米、甘蔗等，后期随着美洲大陆的发现，新大陆作物逐渐传入奥斯曼帝国境内，烟草、咖啡等也开始在安纳托利亚地区广泛播种。

二、现代化农业进程及农业生产水平

从 18 世纪开始，土耳其政府建立了由国有经济企业等组成的强大的国营部门，国家严格控制和干预经济，并通过一系列改革，拉开了土耳其全面现代化的序幕。

改革的首要方面就是农业。新政府首先颁布法令，豁免了新管辖地区的不动产税、土地税、手工业税、牲口税以及什一税的欠款，拨付专款用于购买种子、牲口以及运输工具，并无偿分配给一部分贫困农户，同时提高粮食作物的收购价格，以提高农民的生产积极性。在初步稳定了全国农业生产形势以后，废除了农村中存在数百年的阿沙尔制（阿沙尔制的实质就是什一税）；废除奥斯曼帝国的土地法，进行有限的土地改革，宣布土地归耕种者所有，向地主赎回土地再向农民分配国有土地和无主土地，并建立国有农场与林场；开始创办农业信贷合作社、农业销售以及农业生产合作社，成为援助农民和反对高利贷的工具，有效减轻了农民的经济负担；大力修建交通基础设施，修建锡瓦斯—萨姆松铁路，打通交通大动脉，便利国内物资运输流通。通过一系列的改革措施，给予了农民一定的利益，提高了广大农民的生产积极性，极大地推动了当时土耳其农业经济的发展。截至 20 世纪 30 年代末，土耳其国内农业总产量已经较 20 年代初期翻了一番，主要粮食作物小麦和大麦等产量增长近 3 倍。20 世纪 20 年代，土耳其粮食的 20% 需要依靠进口，自 20 世纪 30 年代初停止从国外进口粮食，在 30 年代后期甚至开始向外出口粮食。另外，羊毛、棉纺等产量也增加了近 1 倍，展现了良好的发展势头，为后续的土耳其农业现代化之路夯实了基础。

第二次世界大战结束后，土耳其作为一个发展中国家，为了早日实现本国的全面现代化，推动民族经济蓬勃向前发展，土耳其政府决定接受马歇尔计划。在农业领域表现为利用国际援助资金及设备，开始在全国范围内推行农业机械化。在此期间，土耳其以拖拉机、谷物播种机、联合收割机为代表的农业机械设备保有量大幅提升，其中大功率机械设备数量增幅尤为明显。众多拖拉机制造企业及农业机械制造企业也得益于外国直接投资与技术引进及消化吸收，在这一时期纷纷建立。时至今日，土耳其早已成为全球农业机械化水平较高的国家，远高于其周边邻国。

化学化和水利化也是农业生产力水平提高的重要标志。相比于 20 世纪 50 年代，农业生产机械化成为推动土耳其农业发展的第一动力，进入 20 世纪 60 年代以后，化学化和水利化开始成为推动农业发展的首要手段。在化学化方面，1950 年，农药投入量为 950 吨，化肥投入量为 4.2 万吨，施肥面积仅占全部播种面积的 0.04%；1960 年，农药投入量达到了 2.3 万吨，化肥投入量达到了 10.7 万吨，施肥面积占全部播种面积的 0.07%；1975 年，农药投入量为 6.2 万吨，化肥投入量已经高达 370 万吨，施肥面积在全部播种面积中所占的比例达到 34%。在水利化方面，1950 年，农田灌溉面积为 80 万公顷，占全部耕地面积的 0.6%；1960 年，农田灌溉面积为 118 万公顷，占全部耕地面积的 5.1%；1975 年，农田灌溉面积已经达到 223 万公顷，在全部耕地面积中所占的比例达到 9.5%；1990 年，农田灌溉面积增至 390 万公顷；1997 年，农田灌溉面积达到 456 万公顷。近年来，在土耳其政府的积极推动下，土耳其持续推进大坝项目建设，新制定了包括"大安纳托利亚规划"在内的一系列水资源开发规划，预计未来将进一步扩大其农田灌溉面积，进一步推动农业生产发展。

时至今日，土耳其已经成为继中国、美国、印度和巴西之后的全球第五大蔬菜和水果生产国、世界第九大农业生产国、OECD 第二大农业生产国，农业领域雇用了全国约 20% 的劳动力，其农业产值约占全球农业总份额的近 2.1%，其农产品广泛出口，远销海外，成为西亚地区仅有的两个粮食出口国，共向全球 190 多个国家和地区出口 1 800 多种农产品，平均年出口额 177 亿美元，占农业总产值的 1/4 以上。另据土耳其驻华大使馆官方数据显示，自 2002 年以来，土耳其农产品出口增长 378%，牲畜、动物和水产养殖产品出口增长 7.3 倍。

第二节 土耳其种植业

种植业现状

土耳其位于中东地区的西北部，国土面积的 97% 位于亚洲，仅有 3% 位于欧洲。不同于人们印象里中东国家遍地是沙漠,石油资源丰富而农业生产资源相对贫乏,土耳其自身石油资源相对贫乏,其国土范围内沙漠戈壁的面积也较其他中东国家要小得多,而且其国内的农业生产资源也十分丰富。土耳其的可用耕地达 23.7 万平方千米,相当于近 2.5 个浙江省的面积大小,耕地占有率高达 30%。这不仅比其他中东国家要丰裕得多,而且也要远高于世界上其他多数国家。可以说,在自然资源方面,土耳其算得上是一个非典型中东国家。

近年来,土耳其国内全部谷物播种面积呈现波动下降的趋势,2017 年为 1 109 万公顷,相较于 2001 年减少了近 15%,但是由于其农业科技投入的逐渐加大与农业科技水平的逐步提高,其谷物单位面积产量持续提高,2017 年达到 3 257 千克/公顷,较之 10 年前的谷物单位面积产量增长了 35.15%。因此,土耳其国内的谷物总产量在近年来不但没有降低,反而呈现波动上升的趋势,2017 年其国内谷物总产量达到 3 612.6 万吨。其中,小麦一直占据谷物种植领域的绝对优势地位,自 2001 年以来,土耳其的小麦产量就常年超过其谷物总产量的 60%,播种面积也常年超过其谷物总播种面积的 65%,遥遥领先于诸如大麦、玉米、稻米等其他谷物。

在经济作物方面,棉花和甜菜的种植面积最大,2016 年棉花为 41.6 万公顷,总产 210 万吨;甜菜约 32.3 万公顷,总产 1 946 万吨。棉花产区集中在爱琴海和地中海沿岸,甜菜产区则集中在阿菲永、阿玛西亚、科尼亚等省。此外,土耳其的向日葵种植面积也很广,2016 年达 72 万公顷,总产 167 万吨。不少地区还种植橄榄和花生,2016 年橄榄产量达 173 万吨。20 世纪初才开始试种的茶叶,其产区主要分布在黑海沿岸,2016 年产量达 135 万吨。土耳其是世界第四大烟草生产国,其烟草色泽金黄,烟味香醇,驰名于世(表 2 - 1)。

表 2 - 1 土耳其部分农作物产量比较

年份	小麦产量 (千克/公顷)	棉花产量 (千克/公顷)	甜菜产量 (千克/公顷)	烟草产量 (千克/公顷)	大麦产量 (千克/公顷)	马铃薯产量 (千克/公顷)
1925	344	273	1 752	849	—	—
1950	865	264	16 781	785	1 186	6 909
1960	1 097	283	21 608	735	1 304	8 750
1980	1 829	744	25 119	1 024	1 731	13 911
1997	1 997	1 152	39 424	988	—	—

数据来源:土耳其国家统计局。

2010 年土耳其全部谷物收割面积超过 1.21 亿公顷，到 2019 年仅约为
1.08 亿公顷，其间有所波动，但整体呈现下降的趋势（图 2-1）。从土耳其全
部谷物产量来看，从 2010—2019 年有所波动，但并无大的变化，2015 年曾达
到峰值近 3 900 万吨，2014 年则产量最少，只有 3 271 万吨（图 2-2）。

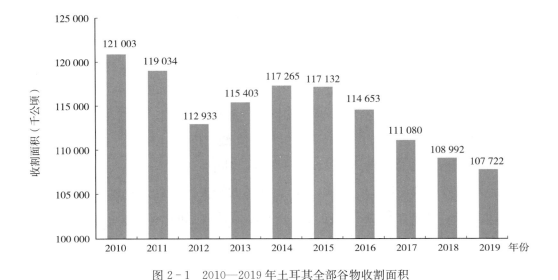

图 2-1 2010—2019 年土耳其全部谷物收割面积

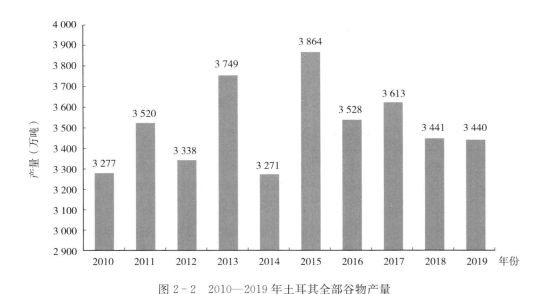

图 2-2 2010—2019 年土耳其全部谷物产量

第三节　土耳其经济作物生产状况

一、水果

土耳其盛产水果和干果，是世界上苹果、梨、桃、樱桃、橄榄、无花果、葡萄、石榴等果树的适种区，全世界 140 多种果树中的 70 多种可在土耳其栽培，主要集中在土耳其的东南部以及地中海和爱琴海地区，中东部、中南部近年来果树栽培发展也很快，已先后建立起一批现代化果园。

2008 年以来，土耳其水果种植面积呈小幅度上升趋势，从约 132 万公顷增加至 2017 年的超 138 万公顷。主要水果总产量与单位面积产量则有相对较大幅度的增长：总产量由 2008 年的约 1 866 万吨增至 2017 年的超 2 315 万吨；同期单位面积产量则由约 14 吨/公顷增至约 17 吨/公顷（表 2 - 2）。

表 2 - 2　土耳其主要水果生产种植情况

年份	主要水果种植面积（千公顷）	主要水果单位面积产量（千克/公顷）	主要水果产量（万吨）
2008	1 317.84	14 157	1 865.78
2009	1 318.45	14 934	1 968.99
2010	1 329.28	14 466	1 922.92
2011	1 343.87	14 797	1 988.48
2012	1 364.22	15 079	2 057.11
2013	1 370.10	15 260	2 090.83
2014	1 384.45	14 370	1 989.52
2015	1 393.71	14 562	2 029.58
2016	1 393.17	15 634	2 178.12
2017	1 384.29	16 727	2 315.44

土耳其水果生产在进入 21 世纪以来取得了长足的进步，主要水果产量不断增多，其中杏、无花果和樱桃的产量都稳居世界第一位，酸樱桃、柑橘产量跻身世界前五大生产国行列，苹果产量也进入世界前十大生产国行列。

2001—2019 年，土耳其的主要水果生产中，杏、樱桃、苹果的产量增长较大，分别由 47 万吨、25 万吨、245 万吨增长至 84.7 万吨、66.4 万吨、361.9 万吨。其中，苹果常年为产量最高的水果。相比之下，酸樱桃与无花果的产量增长较小，但涨幅同样较大，均在 30％ 左右。柑橘的产量则波动较大，但最后保持了增长的态势（表 2-3）。

表 2-3　2001—2019 年土耳其主要水果产量

单位：万吨

年份	杏	樱桃	酸樱桃	无花果	柑橘	苹果
2001	47.0	25.0	12.0	23.5	10.2	245.0
2002	31.5	21.0	10.0	25.0	11.0	220.0
2003	46.0	26.5	14.5	28.0	11.0	260.0
2004	32.0	24.5	13.8	27.5	8.0	210.0
2005	86.0	28.0	14.0	28.5	10.0	257.0
2006	46.0	31.0	12.1	29.0	10.6	200.2
2007	55.7	39.8	18.1	21.0	9.5	245.8
2008	71.6	33.8	18.5	20.5	9.5	250.4
2009	66.1	41.8	19.3	24.4	9.6	278.2
2010	45.0	41.8	19.5	25.5	12.1	260.0
2011	65.0	43.8	18.2	26.0	12.8	268.0
2012	76.0	47.1	18.6	27.5	13.6	288.9
2013	78.0	49.4	18.0	29.9	13.9	312.8
2014	27.0	44.5	18.2	30.0	10.7	248.0
2015	68.0	53.5	18.3	30.0	11.3	257.0
2016	73.0	59.9	19.2	30.5	12.6	292.6
2017	98.5	62.7	18.2	30.5	17.4	303.2
2018	75.0	63.9	18.4	30.6	17.6	362.6
2019	84.7	66.4	18.2	31.0	18.0	361.9

数据来源：土耳其国家统计局。

土耳其不仅是世界上重要的水果生产国，同时也是世界上主要的水果出口国。其杏、无花果的出口量常年位于世界第一位，其葡萄、橄榄、橙、柠檬、桃和樱桃的出口量也保持在世界前列。2001—2019 年土耳其主要出口水果生产情况见表 2-4。

表 2-4　2001—2019 年土耳其主要出口水果生产情况

单位：万吨

年份	葡萄	橄榄	橙	柠檬	桃
2001	325.0	60.0	125.0	51.0	46.0
2002	350.0	180.0	125.0	52.5	45.5

（续）

年份	葡萄	橄榄	橙	柠檬	桃
2003	360.0	85.0	125.0	55.0	47.0
2004	350.0	160.0	130.0	60.0	37.2
2005	385.0	120.0	144.5	60.0	51.0
2006	400.0	176.7	153.6	71.0	55.3
2007	361.3	107.6	142.7	65.2	53.9
2008	391.8	146.4	142.7	67.2	55.2
2009	426.5	129.1	169.0	78.3	54.7
2010	425.5	141.5	171.0	78.7	53.9
2011	429.6	175.0	173.0	79.0	54.6
2012	423.4	182.0	166.1	71.0	61.1
2013	401.1	167.6	178.1	72.6	63.7
2014	417.5	176.8	177.9	72.5	60.8
2015	365.0	170.0	181.7	75.0	64.3
2016	400.0	173.0	185.0	85.0	67.4
2017	420.0	210.0	195.0	100.7	77.1
2018	393.3	150.0	190.0	110.0	78.9
2019	410.0	152.5	170.0	95.0	83.0

数据来源：土耳其国家统计局。

二、蔬菜

土耳其在蔬菜生产方面也极具优势，平均每年生产蔬菜超过 2 000 万吨，主要蔬菜收获面积在 2017 年超过了 81 万公顷，单位面积产量则有一定的波动（表 2 - 5）。

表 2 - 5 2008—2017 年土耳其主要蔬菜生产种植情况

年份	收获面积 （公顷）	单位面积产量 （千克/公顷）	产量 （万吨）
2008	666 153	32 139	2 141.0
2009	656 492	32 345	2 123.5
2010	656 866	31 446	2 065.6
2011	668 519	32 877	2 197.9
2012	688 339	32 024	2 204.3

（续）

年份	收获面积 （公顷）	单位面积产量 （千克/公顷）	产量 （万吨）
2013	674 210	33 809	2 279.4
2014	666 607	34 029	2 268.4
2015	697 374	33 979	2 369.6
2016	752 937	32 435	2 442.1
2017	814 361	30 617	2 493.3

数据来源：土耳其国家统计局。

根据土耳其国家统计局的统计数据，土耳其的主要蔬菜生产包括番茄、黄瓜、甜瓜、西瓜、干洋葱。2001—2019 年，番茄、黄瓜产量呈上涨趋势，甜瓜、干洋葱产量基本保持稳定，西瓜产量则在波动中有轻微的下降趋势（表 2 - 6）。

表 2 - 6 2001—2019 年土耳其主要蔬菜产量

单位：万吨

年份	番茄	黄瓜	甜瓜	西瓜	干洋葱
2001	842.5	174.0	177.5	402.0	215.0
2002	945.0	167.0	182.0	457.5	205.0
2003	982.0	178.3	173.5	421.5	175.0
2004	944.0	172.5	175.0	382.5	204.0
2005	1 005.0	174.5	182.5	397.0	207.0
2006	985.5	179.9	176.6	380.5	176.5
2007	993.6	167.0	166.1	379.7	185.9
2008	1 098.5	168.3	175.0	400.2	200.7
2009	1 074.5	173.5	167.9	381.0	184.9
2010	1 005.2	173.9	161.2	368.3	190.0
2011	1 100.3	174.9	164.8	386.4	214.1
2012	1 135.0	174.2	168.9	402.2	173.6
2013	1 182.0	175.5	170.0	388.7	190.5
2014	1 185.0	178.0	170.7	388.6	179.0
2015	1 261.5	182.2	172.0	391.9	187.9
2016	1 260.0	181.1	185.4	392.9	212.0
2017	1 275.0	182.8	181.3	401.1	217.6
2018	1 215.0	184.8	175.4	403.1	193.1
2019	1 284.2	191.7	177.7	387.1	220.0

数据来源：土耳其国家统计局。

（一）豆类

土耳其种植的豆类总产量在 2019 年达到 123 万吨，主要包括干豆、鹰嘴豆和扁豆。其中，鹰嘴豆的产量自 2000 年以来波动较大，在 2018、2019 年保持在 63 万吨的相对高位；扁豆波动幅度较大，波幅达 49.2 万吨；干豆产量则常年保持稳定，在 20 万吨左右波动（表 2 - 7）。

表 2 - 7   2000—2019 年土耳其主要豆类产量

单位：万吨

年份	豆类总产量	干豆	鹰嘴豆	扁豆
2000	118.2	23.0	54.8	35.3
2001	132.8	22.5	53.5	52.0
2002	151.0	25.0	65.0	56.5
2003	143.7	25.0	60.0	54.0
2004	145.4	25.0	62.0	54.0
2005	143.3	21.0	60.0	57.0
2006	143.0	19.6	55.2	62.3
2007	126.5	15.4	50.5	53.5
2008	85.5	15.5	51.8	13.1
2009	110.1	18.1	56.2	30.2
2010	123.5	21.3	53.1	44.7
2011	113.2	20.1	48.7	40.6
2012	119.1	20.0	51.8	43.8
2013	114.8	19.5	50.6	41.7
2014	103.6	21.5	45.0	34.5
2015	107.9	23.5	46.0	36.0
2016	108.0	23.5	45.5	36.5
2017	116.3	23.9	47.0	43.0
2018	122.5	22.0	63.0	35.3
2019	123.0	22.5	63.0	35.4

数据来源：土耳其国家统计局。

（二）坚果

土耳其是世界上主要的坚果生产国，每年生产并出口大量坚果。其中，土耳其是世界上最大的榛子生产国，同时还是阿月浑子和栗子的世界前五大生产国。阿月浑子的产量在2008—2016年保持相对较高的产量，2018年猛增到24万吨，但2019年只有8.5万吨；榛子、核桃、栗子的产量则保持相对稳定的增长（表2-8）。

表2-8 2000—2019年土耳其主要坚果产量情况

单位：万吨

年份	阿月浑子	榛子	核桃	栗子
2000	7.5	47.0	11.6	5.0
2001	3.0	62.5	11.6	4.7
2002	3.5	60.0	12.0	4.7
2003	9.0	48.0	13.0	4.8
2004	3.0	35.0	12.6	4.9
2005	6.0	53.0	15.0	5.0
2006	11.0	66.1	12.9	5.4
2007	7.3	53.0	17.2	5.5
2008	12.0	80.0	17.1	5.5
2009	8.1	50.0	17.7	6.1
2010	12.8	60.0	17.8	5.9
2011	11.2	43.0	18.3	6.0
2012	15.0	66.0	20.3	5.8
2013	8.8	54.9	21.2	6.0
2014	8.0	45.0	18.0	6.4
2015	14.4	64.6	19.0	6.4
2016	17.0	42.0	19.5	6.5
2017	7.8	67.5	21.0	6.3
2018	24.0	51.5	21.5	6.3
2019	8.5	77.6	22.5	7.3

数据来源：土耳其国家统计局。

（三）香辛料作物

土耳其是世界排名前五位的辣椒生产国之一，同时也是世界上主要的辣椒出口国，另外也生产茴芹、莳萝等香料。总体看来，红辣椒与莳萝的产量自2000年以来增幅较大，分别从约2.1万吨、0.69万吨增长至2019年的约24万吨、2万吨；茴芹的产量则经历了一段时间的下降，在2019年回升至超1.7万吨（表2-9）。

表 2 - 9　2000—2019 年土耳其主要香辛料生产情况

单位：吨

年份	红辣椒	茴芹	莳萝
2000	21 340	20 000	6 900
2001	20 000	11 000	11 000
2002	30 000	13 000	50 000
2003	40 000	12 300	20 000
2004	30 000	11 000	15 000
2005	45 000	9 500	14 300
2006	45 861	8 479	11 998
2007	67 213	8 006	9 159
2008	60 000	8 594	8 879
2009	196 900	9 472	14 533
2010	186 272	13 992	12 587
2011	162 125	14 879	13 193
2012	165 527	11 023	13 900
2013	198 636	10 046	17 050
2014	186 291	9 309	15 570
2015	204 131	9 050	16 897
2016	228 531	9 491	18 586
2017	179 264	8 418	19 175
2018	227 380	8 664	24 195
2019	240 656	17 589	20 245

数据来源：土耳其国家统计局。

（四）油料作物

油料作物中以向日葵为主，棉籽次之，这两者产量共占油料作物总产量的 90％以上，另外还生产大豆、花生、油菜籽等，自 2000 年以来，产量均有较大增长（表 2 - 10）。

表 2 - 10　2000—2019 年土耳其主要油料作物生产情况

单位：万吨

年份	油料作物总产量	大豆	花生	向日葵	油菜籽	棉籽
2000	225.3	4.4	7.8	80.0	0.02	129.5
2001	217.1	5.0	7.2	65.0	0.06	135.4

（续）

年份	油料作物总产量	大豆	花生	向日葵	油菜籽	棉籽
2002	251.4	7.5	9.0	85.0	0.1	145.7
2003	238.8	8.5	8.5	80.0	0.6	133.7
2004	250.1	5.0	8.0	90.0	0.4	142.6
2005	242.1	2.9	8.5	97.5	0.1	129.1
2006	278.9	4.7	7.7	111.8	1.3	147.6
2007	235.2	3.1	8.6	85.4	2.9	132.1
2008	231.1	3.4	8.5	99.2	8.4	107.7
2009	239.6	3.8	9.0	105.7	11.4	102.1
2010	296.9	8.6	9.7	132.0	10.6	127.3
2011	322.7	10.2	9.0	133.5	9.1	152.7
2012	313.8	12.2	12.3	137.0	11.0	137.3
2013	330.0	18.0	12.8	152.3	10.2	128.7
2014	350.9	15.0	12.3	163.8	11.0	139.1
2015	344.2	16.1	14.7	168.1	12.0	121.3
2016	348.1	16.5	16.4	167.1	12.5	126.0
2017	388.3	14.0	16.5	196.4	6.0	147.0
2018	400.9	14.0	17.4	194.9	12.5	154.2
2019	398.5	15.0	16.9	210.0	18.0	132.0

（五）棉花

整体来看，从 20 世纪 60 年代一直到 21 世纪初，土耳其的棉花总产量基本处于增长的趋势，1960 年的棉花产量为 17 万吨，2000 年增长到 78 万吨，2002 年达到历史最高的 91 万吨。之后土耳其棉花产量出现较大的波动，2009 年一度下降到 38 万吨，此后出现较快增长，2017 年产量水平达到 87 万吨。

土耳其棉花种植自然条件优越，棉花收获面积在 20 世纪 90 年代基本维持在 70 万公顷左右，从 2005 年开始收获面积出现较大下滑，2005 年为 60 万公顷，2009 年下降到 28 万公顷。近年收获面积有所回升，基本维持在 50 万公顷左右。2017 年棉花收获面积为 47 万公顷，比 2016 年增长了 7 万公顷。2019/2020 年度土耳其植棉面积 57 万公顷，产量 75 万吨。棉花收获面积增长的主要原因是棉花收购价格提高使得植棉收益提高，并且政府给予较高的植棉奖励。为促进棉花种植，土耳其政府在过去 6 年中一直增加籽棉生产奖励，

2017/2018 年度对籽棉的生产奖励从一年前的每千克 0.75 土耳其里拉增加至每千克 0.8 土耳其里拉（约合每磅 9 美分），该支付仅提供给使用经过认证的种子的农民。随着土耳其国内机械化发展，已经大量使用机械采摘棉花，采棉机械的数量已经增加到了 1 200 台，大部分属于现代化收割机械。爱琴海地区的棉花有 95％使用机械采摘，库库罗瓦地区的棉花有 85％使用机械采摘。土耳其的轧花机数量大约 535 套，为私人所有，大部分轧棉机属于皮辊轧花机，锯齿轧花机数量相对较少。

土耳其棉花单产水平一直以较快的速度增长。1960 年单产只有 272 千克/公顷，到 1970 年增长到 760 千克/公顷，到 20 世纪 80 年代棉花单产超过 800 千克/公顷，到 90 年代超过 1 000 千克/公顷，2000 年棉花单产达到 1 198 千克/公顷，2010 年继续增长到 1 436 千克/公顷，2017 年的单产水平为 1 853 千克/公顷。棉花单产持续增长的主要原因包括：棉花品种的改良、规模化经营以及技术的进步。在棉花种植中，土耳其超过 95％的棉田使用优良的经过认证的棉花品种，采取有效措施防止虫害，这使得棉花单产大大提高，棉花品质持续改进；近年来，农民也开始越来越多地使用机械进行棉花的采摘，从而降低了采摘成本；此外，棉花新品种育种技术的推广使用，使农民能够在小麦和其他大田作物收获之后，种植二季棉花，这有助于增加农田的整体利用率。

土耳其在棉花生产、收购、加工等环节实行完全市场化的政策有：①以高额补贴稳定国内棉花生产。近年来，土耳其植棉面积 57 万～65 万公顷，约有 400 万棉农从事棉花生产，劳动力成本较高，棉花生产成本远远高于世界平均水平。为促进国内棉花生产，政府加大了对棉花生产的补贴力度，每千克籽棉补贴额约为 23 美分，按年产皮棉 80 万吨计算，补贴总额约 6 亿美元，每吨棉花生产的补贴金额除美国、欧盟外，位居世界第三。②广泛建立农民合作社组织，以此为主体兴建轧花厂，避免收购加工环节恶性竞争。土耳其共有 800 多个棉花加工厂，主要是用皮辊轧花机加工棉花。随着劳动力成本的不断增加，土耳其正在推进机械采棉的步伐，采用锯齿机加工棉花的数量不断增加，但进展比较缓慢。

（六）绿茶

土耳其亦有"泡在茶水里的国度"之称。19 世纪末，土耳其曾两度引进茶树种植，均未能成功，随后国内的咖啡供应出现了问题，茶被认为是最好的替代品。在 20 世纪 20 年代，终于成功引进茶树并种植成功。目前，土耳其是世界五大茶叶种植国之一，产量占世界茶叶的 6%～10%，其中大部分是在土耳其国内消费的。

2001 年，土耳其的绿茶产量只有 82.5 万吨；2019 年绿茶产量增至 140.7 万吨，增幅高达 70%（表 2-11）。

表 2-11 2001—2019 年土耳其绿茶产量

年份	产量（万吨）
2001	82.5
2002	79.2
2003	86.9
2004	110.5
2005	119.2
2006	112.1
2007	114.5
2008	110.0
2009	110.3
2010	130.5
2011	123.1
2012	125.0
2013	118.0
2014	126.6
2015	132.8
2016	135.0
2017	130.0
2018	148.0
2019	140.7

数据来源：土耳其国家统计局。

第四节 土耳其畜牧业

畜牧业现状

土耳其中部大部分地区为温带大陆性气候，降水量不多，形成温带草原，适合发展乳畜业；土耳其东部和南部为高原山地气候，气候较为寒冷，有大片的高山草甸和草原，适合发展畜牧业，正是基于此独特的自然与气候优势，土耳其畜牧业也同样有优异的发展。截至 2018 年年末，土耳其共计拥有永久性草地和牧场面积为 14 617 千公顷，其中约有一半的畜牧养殖是位于其东部地区，而在其东部地区范围内，本地品种又占据畜牧品种的主要部分，这些本地品种的牲畜能够适应当地较为严酷的自然条件。东部地区畜牧生产力不及西部地区，70％的纯种牲畜位于爱琴海地区、中北部地区和中南部地区。大约有一半的绵羊在东部地区饲养。地中海地区饲养有 25％ 的山羊，山羊能够适应恶劣的植被条件。由于土耳其各地气候差异较大，因此其农业布局也有较大的差异，根据气候、生产结构等情况，土耳其畜牧业主要分布在：①中北部地区，属于大陆气候区，年降水量 375 毫米，粗放饲养小型反刍动物，集约饲养奶牛。②爱琴海地区，属于地中海气候区，粗放饲养小型反刍动物和肉牛，集约饲养奶牛。③马尔马拉海和色雷斯区域，是养牛的重要区域，饲养有许多纯种和杂交的牛，提供牛奶和肉产品；地中海和东部沿海区域，畜牧在当地相对不重要，山羊肉产量较为突出。④东北部地区，属于山地和丘陵高海拔地区，该地区是全国最冷的区域，草场占该区域土地总面积的 75％，畜牧生产粗放。⑤东南部地区，在其南部有大片肥沃的平原地带，南安纳托利亚工程（GAP 工程）就位于该区域内，该项目将有效提升这片区域的灌溉效率，提高发电能力。区域内有粗放的绵羊生产。⑥黑海地区，畜牧主要为大量本地肉牛的生产和粗放的绵羊饲养。⑦中东地区，畜牧主要是粗放的小型反刍动物生产、饲养本地和杂交牛以获取牛奶，草场面积占区域土地总面积的 54％ 以上。⑧中南部地区，畜牧主要为小型反刍动物的饲养、奶牛的集约饲养。土耳其接近 70％ 的农场饲养了牲畜，大部分饲养牲畜的农民通过卖出奶和牲畜获取收入。土耳其畜牧生产的主要来源是小规模的畜牧饲养活动，因此，只占农场总数 2％ 的企业从事专业育肥并承担土耳其 9.5％ 的肉牛生产。这些专业农场主要由一些大型投资集团和私人企业投资运作。此类专业化资本运作的育肥农场主要集中在土耳其的西部地区。

自土耳其开启现代化进程起，其畜牧业发展就呈现了"高—低—高"的凹形特征。进入 21 世纪以来，尤其是 2010—2019 年，土耳其的畜牧业有了长足的发展。本节选取了牛、羊以及家禽等主要指标来观察分析土耳其畜牧业的发展。2019 年年末，土耳其牛和水牛存栏量共计 1 768.8 万头，较上年同期增长近 4%。

（一）牲畜养殖业

2019 年年末，土耳其绵羊和山羊存栏量达到 4 848.1 万只，较上年同比增长 5.13%，较之 2001 年末的存栏量增长了 42.6%（表 2 - 12）。

表 2 - 12 2001—2019 年土耳其牲畜年末存栏量

单位：万头（万只）

年份	牛和水牛	绵羊	山羊	总计
2001	1 054.8	2 697.2	702.2	4 454.2
2002	980.3	2 517.4	678.0	4 175.7
2003	978.8	2 543.1	677.2	4 199.1
2004	1 006.9	2 520.1	661.0	4 188.0
2005	1 052.6	2 530.4	651.7	4 234.8
2006	1 087.1	2 561.7	664.3	4 313.1
2007	1 103.7	2 546.2	628.6	4 278.5
2008	1 086.0	2 397.4	559.3	4 042.8
2009	1 072.4	2 174.9	512.8	3 760.2
2010	1 137.0	2 309.0	629.3	4 075.3
2011	1 238.6	2 503.1	727.8	4 469.6
2012	1 391.5	2 742.5	835.7	4 969.7
2013	1 441.5	2 928.4	922.5	5 292.5
2014	1 422.3	3 114.0	1 034.5	5 570.8
2015	1 399.4	3 150.8	1 041.6	5 591.8
2016	1 408.0	3 098.4	1 034.5	5 540.9
2017	1 594.3	3 367.8	1 063.5	6 025.6
2018	1 704.2	3 519.5	1 092.2	6 316.0
2019	1 768.8	3 727.6	1 120.5	6 616.9

数据来源：土耳其国家统计局。

与 2018 年相比，本地绵羊毛产量增长 5.04%，达到 6.11 万吨，美利奴羊毛产量增长 14.9%，达到 9 453 吨（表 2 - 13）。

表 2-13　2000—2019 年土耳其绵羊、山羊（除安哥拉山羊）存栏量及产毛量

年份	本地绵羊数量（万只）	本地绵羊毛产量（吨）	美利奴羊数量（万只）	美利奴羊毛产量（吨）	普通山羊数量（万只）	普通山羊毛产量（吨）
2000	2 272	40 706	77	2 435	492	2 697
2001	2 621	38 533	76	2 376	486	2 684
2002	2 447	36 043	70	2 201	469	2 589
2003	2 469	44 124	74	2 333	459	2 741
2004	2 443	43 558	76	2 414	454	2 716
2005	2 455	43 801	75	2 374	443	2 654
2006	2 480	44 212	81	2 564	452	2 728
2007	2 449	43 688	97	3 063	420	2 536
2008	2 295	40 970	102	3 196	374	2 238
2009	2 072	37 012	103	3 258	335	2 002
2010	2 200	39 390	108	3 432	445	2 607
2011	2 381	42 739	122	3 847	518	3 062
2012	2 589	46 392	153	4 788	601	3 570
2013	2 748	49 236	180	5 548	824	4 902
2014	2 903	51 899	210	6 503	916	5 460
2015	2 930	52 357	220	6 839	934	5 569
2016	2 883	51 523	215	6 645	926	5 518
2017	3 126	55 911	242	7 404	982	5 797
2018	3 251	58 202	268	8 226	1 016	5 999
2019	3 420	61 134	308	9 453	1 042	6 162

数据来源：土耳其国家统计局。

　　牛羊肉是土耳其主要生产的畜牧红肉。其中，绵羊肉与牛肉的产量自 2001 年以来，涨幅较大，尤其是牛肉的产量，从约 33 万吨增长至 2019 年的约 108 万吨。而山羊肉的产量则有一定的波动，在 2019 年保持在约 1.7 万吨（表 2-14）。

表 2-14　2001—2019 年土耳其红肉生产量

单位：吨

年份	绵羊肉产量	山羊肉产量	牛肉产量
2001	85 661	16 138	331 589
2002	75 828	15 454	327 629
2003	63 006	11 487	290 455
2004	69 715	10 301	364 999

（续）

年份	绵羊肉产量	山羊肉产量	牛肉产量
2005	73 743	12 390	321 681
2006	81 899	14 133	340 705
2007	117 524	24 136	431 963
2008	96 738	13 752	370 619
2009	74 633	11 675	325 286
2010	135 687	23 060	618 584
2011	107 076	23 318	644 906
2012	97 334	17 430	799 344
2013	102 943	23 554	869 292
2014	98 978	26 770	881 999
2015	100 021	33 990	1 014 926
2016	82 485	31 011	1 059 195
2017	100 058	37 525	987 482
2018	100 831	13 603	1 003 859
2019	109 382	16 536	1 075 479

数据来源：土耳其国家统计局。

作为畜牧大国，土耳其的动物鲜奶产量同样值得关注。自2000年以来，绵羊奶、山羊奶、牛奶产量均有较大增幅，2019年比2000年增幅均超过90%。2015年以来，水牛奶的产量则稳定在7万吨左右（表2-15）。

表2-15 2000—2019年土耳其动物鲜奶产量

单位：万吨

年份	绵羊奶产量	山羊奶产量	牛奶产量	水牛奶产量
2000	77.4	22.0	873.2	6.7
2001	72.3	22.0	848.9	6.3
2002	65.7	21.0	749.1	5.1
2003	77.0	27.8	951.4	4.9
2004	77.2	25.9	960.9	3.9
2005	79.0	25.4	1 002.6	3.8
2006	79.5	25.4	1 086.7	3.6
2007	78.2	23.7	1 127.9	3.0
2008	74.7	20.9	1 125.5	3.1
2009	73.4	19.2	1 158.3	3.2
2010	81.7	27.3	1 241.9	3.5

（续）

年份	绵羊奶产量	山羊奶产量	牛奶产量	水牛奶产量
2011	89.3	32.0	1 380.2	4.0
2012	100.7	36.9	1 597.8	4.7
2013	110.1	41.6	1 665.5	5.2
2014	111.4	46.3	1 699.9	5.5
2015	117.7	48.1	1 693.4	6.3
2016	116.0	47.9	1 678.6	6.3
2017	134.5	52.3	1 876.2	6.9
2018	144.6	56.2	2 003.7	7.6
2019	152.1	57.7	2 078.2	7.9

数据来源：土耳其国家统计局。

2019 年土耳其国内鲜奶产量总额与上一年相比增长 3.8%，达到 2 200.96 万吨。其中，90.5% 的鲜奶产量是牛奶，6.6% 是绵羊奶，2.5% 是山羊奶，剩余 0.4% 是水牛奶。

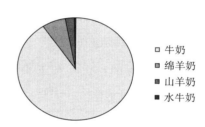

图 2-3　2019 年土耳其国内鲜奶产量
数据来源：土耳其国家统计局。

（二）家禽养殖业

家禽养殖业方面，2000—2019 年土耳其家禽年末存栏量如表 2-16 所示。蛋鸡的增幅最大，接近 1 倍，肉鸡、火鸡的存栏量增幅较小，鹅的存栏量则有一定的减少。

表 2-16　2000—2019 年土耳其家禽年末存栏量

单位：万只

年份	蛋鸡	肉鸡	火鸡	鹅
2000	6 471	19 346	368	150
2001	5 567	16 190	325	140
2002	5 714	18 864	309	140
2003	6 040	21 713	399	134
2004	5 877	23 810	390	125
2005	6 027	25 722	370	107
2006	5 870	28 612	323	83
2007	6 429	20 508	267	102

（续）

年份	蛋鸡	肉鸡	火鸡	鹅
2008	6 336	18 092	323	106
2009	6 650	16 347	275	94
2010	7 093	16 398	294	71
2011	7 896	15 892	256	70
2012	8 468	16 903	276	68
2013	8 872	17 743	292	75
2014	9 375	19 998	299	91
2015	9 860	21 366	283	85
2016	10 869	22 032	318	93
2017	12 156	22 124	387	98
2018	12 405	22 951	404	108
2019	12 073	22 184	454	116

数据来源：土耳其国家统计局。

禽肉生产方面，土耳其主要生产鸡肉和火鸡肉，进入 21 世纪以来，两者产量均保持较高的增长（表 2-17），增幅均超过两倍。鸡蛋产量的增幅则相对较稳定（表 2-18）。

表 2-17　2000—2019 年土耳其禽肉生产量

单位：吨

年份	鸡肉产量	火鸡肉产量
2000	643 457	19 274
2001	614 745	15 125
2002	696 187	30 401
2003	872 419	32 801
2004	876 774	37 623
2005	936 697	42 709
2006	917 659	17 062
2007	1 068 454	31 467
2008	1 087 682	35 451
2009	1 293 315	30 242
2010	1 444 059	31 965
2011	1 613 309	36 331
2012	1 723 919	41 931
2013	1 758 363	39 627

（续）

年份	鸡肉产量	火鸡肉产量
2014	1 894 669	48 662
2015	1 909 276	52 722
2016	1 879 018	46 501
2017	2 136 734	52 363
2018	2 156 671	69 536
2019	2 138 451	59 640

数据来源：土耳其国家统计局。

表 2 - 18 2000—2019 年土耳其鸡蛋产量

年份	产蛋量（万枚）	同比增幅（%）
2000	1 350 859	−4.13
2001	1 057 505	−21.72
2002	1 155 491	9.27
2003	1 266 678	9.62
2004	1 105 556	−12.72
2005	1 205 245	9.02
2006	1 173 357	−2.65
2007	1 272 496	8.45
2008	1 319 070	3.66
2009	1 383 273	4.87
2010	1 184 040	−14.40
2011	1 295 469	9.41
2012	1 491 077	15.10
2013	1 649 675	10.64
2014	1 714 540	3.93
2015	1 672 751	−2.44
2016	1 809 761	8.19
2017	1 928 120	6.54
2018	1 964 371	1.88
2019	1 989 813	1.30

数据来源：土耳其国家统计局。

（三）养蜂业

土耳其养蜂业近年来发展迅猛，其蜂蜜产量常年稳居世界前五。2019 年

33

土耳其蜂蜜产量比 2000 年增长 78.96%，产量峰值出现在 2017 年，当年蜂蜜产量达 11.45 万吨。2019 年蜂蜜产量同比增长了 1.3%，达到 10.93 万吨，蜂蜡同比减少了 0.4%，产量为 3 971 吨（表 2-19）。

表 2-19　2000—2019 年土耳其养蜂产业发展情况

单位：吨

年份	蜂蜜产量	蜂蜡产量
2000	61 091	4 527
2001	60 190	3 174
2002	74 554	3 448
2003	69 540	3 130
2004	73 929	3 471
2005	82 336	4 178
2006	83 842	3 484
2007	73 935	3 837
2008	81 364	4 539
2009	82 003	4 385
2010	81 115	4 148
2011	94 245	4 235
2012	89 162	4 222
2013	94 694	4 241
2014	103 525	4 053
2015	108 128	4 756
2016	105 727	4 440
2017	114 471	4 488
2018	107 920	3 987
2019	109 330	3 971

数据来源：土耳其国家统计局。

第五节　土耳其渔业发展情况

土耳其毗邻地中海与黑海，可以说是三面环海，因此海洋渔业资源非常丰富。土耳其的渔业生产主要以海洋捕捞业为主，但是海洋捕捞受制于天气、水文等诸多因素的影响，产量常年处于波动状态，发展相对缓慢，占国民经济比重非常小。但近年来，土耳其加大了渔业的发展力度，大力推进水产养殖业发展，取得了长足的发展。

2007—2019 年，海洋捕捞产品和淡水捕捞产品产量均有一定的减少，而水产养殖产品则有较大幅度的增长（表 2 - 20），可以认为土耳其对生态保护越发重视，水产品生产逐步专业化、规范化。

表 2 - 20　2007—2019 年土耳其水产品生产情况

单位：吨

年份	海洋捕捞产品	水产养殖产品	淡水捕捞产品
2007	589 129	139 873	43 321
2008	453 113	152 186	41 011
2009	425 046	158 729	39 187
2010	445 680	167 141	40 259
2011	477 658	188 790	37 097
2012	396 322	212 410	36 120
2013	339 047	233 394	35 074
2014	266 078	235 133	36 134
2015	397 731	240 334	34 176
2016	301 464	253 395	33 856
2017	322 173	276 502	32 145
2018	283 955	314 537	30 139
2019	431 572	373 356	31 596

数据来源：土耳其国家统计局。

土耳其的水产养殖业发展起步较晚，但是经由其国内智库的研究发现，水产养殖业的发展能够有力带动沿海、沿河、沿湖地区乡村建设发展和农村经济发展。进入 21 世纪以来，土耳其水产养殖业在政策扶持下发展迅猛，水产养殖产量在 20 年间增长了 2 倍有余，从 2007 年的不足 14 万吨增长到 2019 年的近37.5 万吨，年均增长 14%。水产养殖产量占渔业总产量的比重持续上升，已经逐渐接近年平均海洋捕捞产量的比重，大有跃居土耳其渔业产量第一位置的趋势。

总的来看，土耳其的农业生产水平和能力都非常强，远非我们一般印象中的中东国家落后的农业生产水平，且近年来土耳其的农业发展也在不断进步，农业产值与产量也屡创新高。土耳其不仅在种植业方面优势明显，生产并出口小麦、大麦等粮食作物，经济作物诸如无花果、榛子、杏、番茄、葡萄、柠檬、樱桃、辣椒等也大量生产并出口，而且土耳其在畜牧业方面也有较强的优势，奶类、红肉类、禽蛋类、蜂蜜等产品都较 10 年前有所增长，在 21 世纪之初出现急剧萎缩的安哥拉山羊养殖业也在近 10 年中逐渐恢复，安哥拉山羊的数量以及马海毛产量都在逐年恢复。值得注意的是，就连本就处于弱势地位的渔业在近几年也得到了飞速发展，水产养殖取得了长足的进步，在水产养殖的带动下，土耳其渔业的整体发展也跃上了一个全新的台阶。

第六节　土耳其特色农产品生产

2018 年，土耳其是世界上榛子、杏、无花果、葡萄干和樱桃产量最大的国家，是世界上甜瓜、西瓜、黄瓜、扁豆、开心果、木瓜、酸莓、栗子、胡椒、蜂蜜以及绿豆产量最大的前 5 个国家之一，也是世界上生产苹果、棉花、小麦、大麦、杏仁、向日葵以及烟草最多的前 10 个国家之一。近 16 年里，土耳其的全国农业收入从 370 亿土耳其里拉（约合 65 亿美元）增至 2 134 亿土耳其里拉（约合 374 亿美元），水果产量从 1 330 万吨增至 2 230 万吨，蔬菜产量从 2 580 万吨增至 3 000 万吨，田间作物产量则从 5 800 万吨增至 6 440 万吨。出口农产品包含了谷类、豆类、糖、坚果、干果、橄榄油等，主要出口市场为欧盟、美国及中东国家。

一、榛子和鹰嘴豆

土耳其最具特色的坚果是榛子和鹰嘴豆。

榛子的历史源远流长。有研究者称，最早的榛子种植可追溯到 5 000 年前的小亚细亚[①]。土耳其本土的榛子，是一种高大的乔木，但是不作为坚果树种栽培。土耳其商业种植的是欧洲榛子，主要产区分布在黑海南岸的东西沿岸区域，是欧洲榛子的天然适生区域，已经有几千年的种植历史。榛子在海岸东部地区的商业生产可追溯到 14 世纪，并随着人口的迁移于 19 世纪后期至 20 世纪早期传播到黑海南岸的中部和西部地区。榛子在土耳其黑海沿岸区域被作为战略性经济树种，尽管这些区域陡峭的山地、多雨高湿的气候条件很难种植其他作物，但是却适合榛子生长，同时榛子的灌木特性也有利于防止山地的水土流失。沿海岸往南延伸，距离海岸 30 千米的范围是榛子的主要种植区域。

---

① 土耳其榛子：坚果中的王者，生于故土，走向世界：https://www.anzhuo.cn/mfr/p_30583。

2019 年，土耳其种植的欧洲榛子面积为 73.44 万公顷，带壳干榛子年产量 60 万～65 万吨，大致占世界总产量的 70%～75%，出口收入 25 亿美元左右，土耳其国内约有 400 万人依靠榛子作为经济来源。海岸山地的海拔与欧洲榛子的生长条件密切相关，在 0～250 米的低海拔区域是欧洲榛子最理想的生长条件，其次在 250～500 米的中海拔区域，再次是 500～750 米的高海拔区域，但也有些榛子园的海拔超过 750 米甚至到 1 000 米高度。土耳其单个榛子园规模比较小，平均面积仅有 21 亩，单产也很低，全国平均亩产 50 千克左右。图 2-4 是土耳其榛子近年来全国栽培面积和总产量情况。

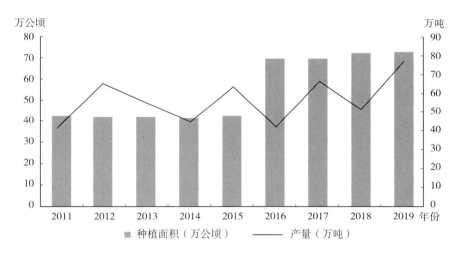

图 2-4　2011—2019 年土耳其榛子种植面积及产量

数据来源：联合国粮食及农业组织统计数据库（http://www.fao.org/faostat/zh/？#data）。

土耳其有 33 个省生产榛子，但是 95% 的产量来自黑海沿岸的奥尔杜（Ordu）、萨卡里亚（Sakarya）、吉雷松（Giresun）、迪兹杰（Düzce）、萨姆松（Samsun）、特拉布宗（Trabzon）等省。

土耳其的榛子亩产量总体来说比较低，主要原因包括六个方面：①沿海岸榛子园大多都种植在陡峭的山地上，土层较薄，土壤肥力条件差，施肥和控制病虫害等的管理难度大，基本没有灌溉条件；②晚霜危害、夏季干旱、开花季节遇到阴雨和低温天气影响授粉等；③榛子园树龄老化和郁闭，大多数榛子树树龄都在 50 年以上，授粉树数量不足，结果能力弱；④榛子园经营规模小；⑤由于年轻一代更愿意到城里工作，好多榛子园主只是在榛子成熟季节回家采收，因此榛子园缺乏日常生产管理；⑥品种老化，更新换代不及时，栽培技术落后，机械化程度低，人工采收成本高。土耳其中西部地区的产量高于东部地区，这是因为东部地区的榛子园种植时间早，树龄更加老化，因此产量低于中西部地区。

鹰嘴豆可以说是土耳其的一种特色种植业，因其籽粒形状酷似脱毛后的鹰头而得名。鹰嘴豆起源于西亚、地中海沿岸和埃塞俄比亚，对土壤要求不严，从沙土、沙壤土到重壤土均可生长，但以在排水好、质地疏松的轻壤土上生长发育得最好。鹰嘴豆出苗至开花所需有效积温为 750～800℃，出苗至成熟所需有效积温为 1 900～2 800℃。鹰嘴豆抗旱能力较强，在年降水量280～1 500毫米的地区均可生长。但在雨水过多和排水不良的条件下，植株生长不良。且鹰嘴豆本身营养丰富，每 100 克鹰嘴豆干籽粒约含有热量 347.6 千卡、粗蛋白 23 克、总碳水化合物 63.5 克、脂肪 5.3 克，均高于大部分豆类。此外，鹰嘴豆还含有丰富的膳食纤维、钙、铁、镁、锌、铜等微量元素和维生素，其中鹰嘴豆的铁含量高达 74 毫克/100 克，比其他豆类铁含量高 90%。

土耳其鹰嘴豆产量在 2018 年与 2019 年均保持在 63 万吨左右，相较于 2017 年的 47 万吨有所增长（图 2-5）。种植面积在此期间也大幅度增加，从 2017 年的不到 40 万公顷增长到 2018 年的 51 万公顷。鹰嘴豆作为土耳其的一大特色农产品，近年来其种植和生产得到了一定的重视。

图 2-5　2011—2019 年土耳其鹰嘴豆种植面积及产量

数据来源：联合国粮食及农业组织统计数据库（http://www.fao.org/faostat/zh/?#data）。

作为土耳其的特色经济作物，鹰嘴豆浑身是宝，在多方面都发挥着重要的作用。在食用方面，鹰嘴豆的淀粉具有板栗风味，可同小麦一起磨成混合粉作主食用，鹰嘴豆本身也可以作为食材做成各色菜品，其青嫩豆粒、嫩叶也可作蔬菜，此外，还可以被加工成多种口味上佳的休闲食品、色拉酱和其他食品等。在饲料方面，小粒型鹰嘴豆籽粒还是优良的蛋白质饲料，磨碎后是饲喂骡马的精料，同时，茎、叶是喂牛的好饲草。在纺织印染方面，鹰嘴豆的淀粉是棉、毛、丝纺织原料上浆和抛光的上等材料及工业中的胶黏剂，其叶子可提取靛蓝染料。在药用方面，鹰嘴豆也有较好的利用价值，其主要功用为补中益气、温肾壮阳，主消渴、解面毒和润肺止咳；其籽粒可用于防治肝胆疾病、糖尿病以及治疗失眠和预防皮肤病等。因此，鹰嘴豆具有较高的经济价值。

二、水果及其制品

葡萄和樱桃是土耳其产量最高、同时具有一定地域优势的特色农产品，2011—2019 年两者产量如图 2-6 所示。

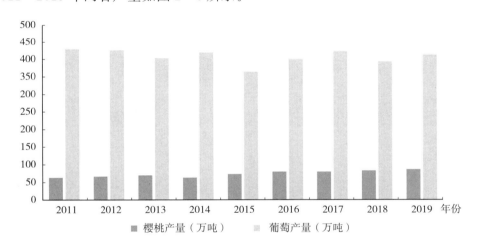

图 2-6　2011—2019 年土耳其樱桃与葡萄产量

数据来源：联合国粮食及农业组织统计数据库（http://www.fao.org/faostat/zh/？♯data）。

土耳其是欧洲车厘子（甜樱桃）原产地之一，凭借优越的土壤和气候条件，土耳其几乎每个地区都可以种植车厘子。2011—2019 年土耳其的车厘子产量保持逐年增长的趋势，在 2019 年达到近 85 万吨。土耳其是世界最大的车厘子生产国，全世界车厘子产量的 25% 都来自土耳其。

土耳其生产的鲜葡萄种类多达 1 200 种，葡萄产量常年稳定在 400 万吨以上。产量巨大的葡萄中有一部分被制作成葡萄干。土耳其的葡萄干产量在 2016 年超越了美国，成为世界第一大葡萄干生产国，此后产量稳定在 30 万吨左右，其中苏丹娜白葡萄干生产与出口量均居世界首位。

三、棉花

表 2 - 21 所示为 21 世纪以来土耳其棉花收获面积、棉绒产量以及单位面积产量情况。棉花收获面积呈现基本平稳的趋势，单位面积产量逐年上升，故棉绒产量大致保持一个相对稳定的趋势。

表 2 - 21　2000—2019 年土耳其棉花种植业生产情况

年份	棉花收获面积 （千公顷）	棉绒产量 （万吨）	单位面积产量 （千克/公顷）
2000	6 541.7	88.0	135
2001	6 846.6	91.4	134
2002	7 210.8	98.8	137
2003	6 373.3	91.9	144
2004	6 400.4	93.6	146
2005	5 468.8	86.4	158
2006	5 907.0	97.6	165
2007	5 302.5	86.8	164
2008	4 950.0	67.3	136
2009	4 200.0	63.8	152
2010	4 806.5	81.7	170
2011	5 420.0	95.4	176
2012	4 884.9	85.8	176
2013	4 508.9	87.7	195
2014	4 681.4	84.6	181
2015	4 340.1	73.8	170
2016	4 160.1	75.6	182
2017	5 018.5	88.2	176
2018	5 186.3	97.6	188
2019	4 778.7	81.4	170

四、烟草

土耳其的烟叶生产有着悠久的历史。统计数据表明，在该国烟叶生产最繁荣的时期，在全国 8 300 万人口中，一度曾有 80 万个家庭以生产烟叶为主，其烟叶年产量最高时曾达 2.3 亿千克。自 2008 年土耳其国有烟草企业——TEKEL 公司私有化之后，该国的烟草市场发生了巨大的变化，在政府部门的推动下，土耳其的烟草税收及烟草价格都有了显著的提高，烟草法规也相应更加完善。

自 2013 年以来土耳其烟草种植面积基本稳定在 90 万~130 万平方千米范围内，产量则有一定的波动，在 2017 年达到峰值 9.4 万吨，随后有一定的下降（图 2-7）。

图 2-7　2011—2019 年土耳其烟草种植面积及产量

数据来源：土耳其驻华大使馆（http：//pekin. be. mfa. gov. tr/Mission）。

五、花卉

2019 年，土耳其的观赏植物产量与上一年相比增长了 0.4%。其中花卉（鲜切花）在观赏植物总产量中所占的比例为 63.6%，其他观赏植物占 36.4%。与前一年相比，鲜切花和室外观赏植物的产量分别增长了 3.6% 和 0.7%，而室内观赏植物的产量下降了 14.1%。

除了花卉的生产占比，单独看花卉的生产数据并不算亮眼，但土耳其种植的鲜花种类繁多，主要有郁金香、玫瑰、康乃馨、雏菊、水仙、百合等，种植面积广，在 2019 年种植面积达 5.25 万平方千米，产量总计约 17.2 亿朵（图 2-8）。

康乃馨是土耳其种植面积最广、产量最高的花卉（图 2-9）。2011 年种植面积 5 040 平方千米，产量近 6 亿朵；2019 年种植面积超 5 118 平方千米，产量近 6.4 亿朵。但其占所有花卉的比例在下降，2011 年土耳其种植花卉

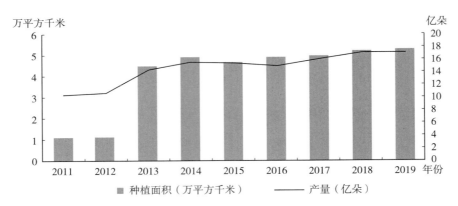

图 2-8　2011—2019 年土耳其花卉种植面积及产量

数据来源：土耳其驻华大使馆（http：//pekin. be. mfa. gov. tr/Mission）。

的土地中近 45％种植的是康乃馨，花卉产量中 57％左右是康乃馨；而到了
2019 年，只有不到 10％的花卉种植地种植了康乃馨，其产量占比也降到了
约 37％。

图 2-9　2011—2019 年土耳其康乃馨种植面积及产量

数据来源：土耳其驻华大使馆（http：//pekin. be. mfa. gov. tr/Mission）。

全球玫瑰收获量的约 60％来自土耳其。土耳其的玫瑰种植面积及产量常
年保持稳定，种植面积在 2 000 平方千米上下波动，产量在 1 亿朵上下波动
（图 2-10）。土耳其的伊斯帕尔塔市被誉为"玫瑰之乡"，2018 年，伊斯帕尔
塔市政府主办了盛大的玫瑰节和玫瑰产品展销会。"玫瑰经济"正在土耳其蓬
勃发展。

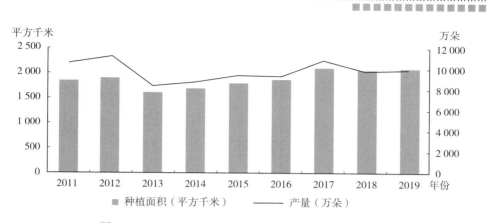

图 2-10　2011—2019 年土耳其玫瑰种植面积及产量

数据来源：土耳其驻华大使馆（http：//pekin. be. mfa. gov. tr/Mission）。

　　土耳其是世界上最早种植郁金香的国家，土耳其人种植郁金香的历史比荷兰人早。16 世纪，荷兰商人从伊斯坦布尔把郁金香带回国，引发了西欧人追逐郁金香的热潮。几百年世事变迁，荷兰成功开创了郁金香的全球商业模式，而在土耳其，郁金香传统种植技术已经失传。

　　虽然如今土耳其郁金香在全球的名誉不如荷兰郁金香，但已有花商开始重振郁金香产业，近年来土耳其的郁金香种植技术也日渐成熟，古老的郁金香文化节也逐渐复兴。从 2006 年开始，伊斯坦布尔市政府每年 4 月举办国际郁金香节，现在这个节日已经成为土耳其文化的重要象征。此外，土耳其花商也一直在尝试复兴郁金香产业。2019 年土耳其郁金香种植面积 405 平方千米，产量超 5 000 万朵（图 2-11）。

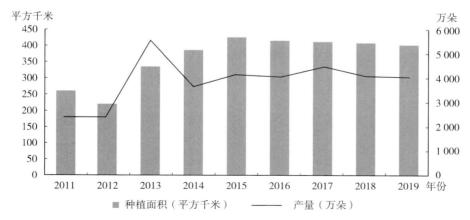

图 2-11　2011—2019 年土耳其郁金香种植面积及产量

数据来源：土耳其驻华大使馆（http：//pekin. be. mfa. gov. tr/Mission）。

现如今土耳其的郁金香种植面积占花卉种植总面积呈下降趋势（图2-12），从2011年的2.3%降至2019年的0.77%，但产量占比仍保持平稳，在2%~4%之间波动，可见郁金香的种植技术有一定的提高，郁金香产业在重振旗鼓。

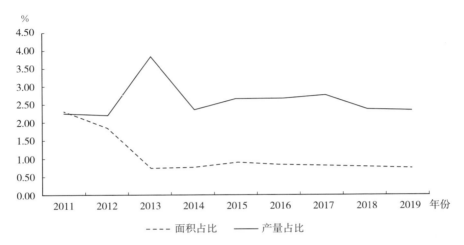

图2-12　2011—2019年土耳其郁金香种植面积及产量占所有花卉比例情况

数据来源：二耳其驻华大使馆（http://pekin.be.mfa.gov.tr/Mission）。

六、羊毛

土耳其的畜牧业也极为发达，土耳其目前拥有的牲畜头数在中东国家中居第一位，在世界上也排名第八位，其中安哥拉山羊所产羊毛驰名世界。根据土耳其共和国驻华大使馆提供的数据，2009年以来土耳其的山羊及绵羊饲养总数逐年增加，羊毛产量也保持增长，2019年，羊毛产量近8万吨（图2-13）。

安哥拉山羊，属于毛用山羊品种，晚熟，肉用性能极其低。安哥拉山羊全身白色，体格中等，公羊母羊都长有角。原产于土耳其首都安卡拉，因此得名，其耐干旱、耐粗饲、抗盐碱、对大陆性气候适应强，主要分布于气候干燥、土层瘠薄、牧草稀疏的安纳托利亚高原。因其产毛量高，毛长又有光泽，弹性大而又结实，且对一些化学药剂的作用比一般羊毛敏感，具有较佳的染色性。国际市场上称为马海毛，且全球年产量不过2万吨左右，主要用于高级精梳纺，是羊毛中价格最昂贵的一种。后又扩散到美国、南非、阿根廷、莱索托、澳大利亚和俄罗斯等国家饲养，目前国际上以土耳其、美国和南非饲养的数量最多。

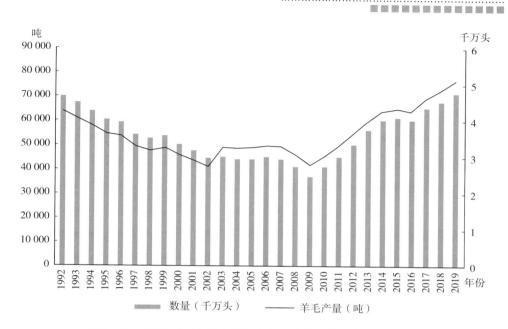

图 2-13　1992—2019 年土耳其山羊和绵羊饲养总数及羊毛产量

数据来源：土耳其驻华大使馆（http：//pekin. be. mfa. gov. tr/Mission）。

20 世纪 90 年代以来安哥拉山羊数量和安哥拉山羊毛产量如图 2-14 所示，可以看出，本土原生的安哥拉山羊的数量及其产羊毛整体有下降趋势。由于引入国外各种羊类，尤其是来自澳大利亚的美利奴羊，所以造成一定的影响。安哥拉山羊数量及其羊毛产量从 2009 年开始趋于平稳并有回升趋势。但对比来看，羊毛生产率有所提升。

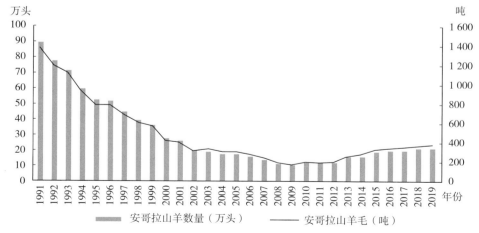

图 2-14　1991—2019 年土耳其安哥拉山羊养殖情况及羊毛产量

数据来源：土耳其驻华大使馆（http：//pekin. be. mfa. gov. tr/Mission）。

土耳其政府历来十分重视安哥拉山羊的养殖与发展情况。1920 年前后就严格禁止个人携带安哥拉山羊出境，仅有的几次出境还都是以国家层面外交赠送的形式进行的。除了严格限制携带安哥拉山羊出境以外，土耳其政府还持续加大科技投入，以支持安哥拉山羊的品种改良与驯化，改善提升饲料质量，研发新型动物疫苗，减少发病率，以增加马海毛产量，提升马海毛品质。

七、无花果

无花果是桑科、榕属植物。无花果的原产地位于土耳其小亚细亚地区的卡里亚，后广泛引种于地中海沿岸。无花果对土壤条件要求极低，在典型的灰壤土、多石灰的沙漠性沙质土、潮湿的亚热带酸性红壤以及冲积性黏壤土上都能比较正常地生长。不耐寒，喜光，有强大的根系，比较耐旱，以 5℃ 以上的生物学积温达 4 800℃ 的地区对无花果的生长结果最为有利。无花果果期相当长，从 6 月到 11 月每年有 5 个多月的收果期。

作为原产于土耳其的特色作物，无花果的经济价值较高。在食用方面，无花果不仅可以鲜果直接食用，还可以加工制作成果酱、果脯、罐头、果汁、果粉、糖浆及系列饮料等，是无公害的绿色食品，被誉为"21 世纪人类健康的守护神"。在药用方面，无花果可以用作食物性轻泻剂，以此来治疗便秘，无花果提取物会对肉瘤、肿瘤等产生一定的抑制效果。此外，无花果提取物还可以成为动物兽药的原料。在景观绿化方面，无花果的优势更为明显。无花果树树形优雅，可作为庭院、公园的观赏树木。无花果叶片大，成掌状裂，叶面粗糙，具有良好的吸尘效果，如与其他植物配置在一起，还可以形成良好的防噪声屏障。无花果树能抵抗一般植物难以承受的有毒气体和大气污染，是化工污染区绿化种植的优良树种。此外，无花果树适应性强，抗风、耐旱、耐盐碱，在沿海地区栽植，既可以收到防风固沙的成效，又可以起到绿化沙滩的作用。

2008—2017 年的 10 年间，土耳其的无花果收获面积与无花果产量均呈现持续增长的态势，2017 年无花果收获面积较 2008 年增长了 6% 有余，产量则增长了高达 50%，单位面积产量持续提升，显示了无花果种植业在土耳其的强劲发展态势。

第三章 CHAPTER 3
土耳其农业发展历程及农村发展现状 ▶▶▶

第一节　土耳其农业发展历程

一、农业现代化的过渡

20 世纪 80 年代初，土耳其接受了世界银行提出的结构调整方案，降低国家在市场中的参与程度，期望能够建立一个全新的自由经济市场。为此，土耳其政府放开市场价格管控，减少对某些农产品（如茶叶）的进口限制，并减少了对农业投入物的补贴和对水利工程的补贴。但土耳其政府并未降低对农业发展的关注，1977 年调查水资源、1989 年实施研发计划以及 1995 年编制可持续人口发展计划，其目的就是保护土地、水资源和促进人类全面发展。

经济的发展和工业化的推进必将推进农业的高质量发展和转变。同时，土耳其农业部门也意识到，未来全球农业必将面临自然资源日益稀缺、气候变化、城市化、人口变化、粮食安全、消费者需求、粮食价值链分配问题以及城乡关系变化等挑战。为此，在灌溉农业的基础上，土耳其农业开始探索资本密集型和技术驱动型的农业现代化，并推进农业发展和乡村繁荣。农业现代化的前提是农业生产组织模式的更新，农业机械化为现代化发展的基础，而农业生产科学化和劳动者素质提高是农业现代化发展的不竭动力，可持续化是农业现代化的必由之路。为此，这里从农业现代化及特征出发，对土耳其农业现代化时期的结构调整、机械化进行介绍，并以有机农业为代表介绍生物技术在土耳其农业中的应用。

农业现代化是从传统农业和不发达农业转变到现代发达农业的过程（何盛明，1990）。这个过程中，农业日益用现代工业、现代科学技术和现代经济管理方法武装起来，使农业生产力由落后的传统农业日益转化为当代世界先进水平的农业。柯炳生（2000）指出农业现代化过程具有相对性和动态性两个主要特征：从相对性来看，与以往落后条件比较，农业现代化是进步的过程；从动态性来看，随着科技革命成果不断地应用于农业，国民部门现代化进程进一步推动农业现代化。农业现代化的特征主要是生产机械化、人力资源知识化、农村社会城镇化、农业高科技化和经营产业化（张亚中和朱艳梅，2006）。

二、农业现代化时期的结构调整

2000 年，在世界货币基金组织（IMF）的支持下，土耳其政府施行了《调整农业结构和支持政策》，启动一系列新的项目，目的在于鼓励采取新方法，进行农业结构改革，以提高土耳其农民的生活水平。该改革的目的是希望构建一个有效且可持续发展的支持系统，以取代现有的农业支持体系。

自由化市场逐步完善。针对补贴项目，土耳其政府提出逐步取消对国民经济构成财政负担而又无法惠及实际生产者的补贴，努力维持以价格为导向的自由市场环境。为此，土耳其开始逐渐改变补贴政策，取消脱钩补贴等不合理补贴方式。朱满德等（2019）统计指出，土耳其农业支持总量（TSE）从1986—1988 年的 46.4 亿美元上升至 2009—2011 年的 233.2 亿美元。但从农业总支持率（TSE 占国内生产总值比例表示）来看，土耳其的农业总支持率呈现下降态势，由 1991—1993 年的 5.7% 下降到 2015—2017 年的 2.2%，但仍高于 OECD 同期平均水平（0.7%）。这说明土耳其农业政府扶持率虽然下降，但具有高保护主义的特征。而从农业补贴率（农业生产者支持水平与农场总收入的比例表示）来看，土耳其整体补贴率从 1991—1993 年的 34.4% 下降至2015—2017 年的 25.4%，从而使得市场扭曲指数从 1991—1993 年的 1.46 降低至 2015—2017 年的 1.28，说明土耳其农业市场趋向于完全自由化交易。

零碎化土地整合，土地机械化进一步巩固。首先，通过立法手段，防止农业用地过于零碎化。规定海洋农业土地不得低于 2 公顷，耕地面积不得低于0.5 公顷，温室农业土地不得低于 0.3 公顷。其次，为解决土地继承问题，起草《继承法》法案并加以实施。通过上述立法，土耳其政府积极推进农业土地整合。在土地整合的基础上，为规划增产、保护自然资源，实施高效合理的农业流域扶持政策，土耳其采用了因地制宜的生产模式——"农业流域模型"。

通过对基于气候、土壤和地形的数据评估，总共确定了30个农业盆地。对每一个盆地，政府制定出不同的发展战略，生产市场需求大且具有竞争力的产品，并根据农业基本情况绘制了以农业流域为基础的地图，定期对不同流域内生产数据进行统计，实时规划引导产品生产。同时，为提高农业生产多样性，在同一地区建立混合农业生产方法，提高对不同气候的适应性。此外，土耳其政府仍积极支持灌溉农业发展，并扶持加压灌溉系统更新升级。针对购买加压灌溉系统的农民，政府将其纳入"农村发展支持计划"的范围中，每件灌溉系统产品将获得50%的补助，而土耳其银行也将为农户提供5年的无息贷款。整体项目投资将获得约75%的扶持，目前已经有40万公顷的土地采用加压灌溉系统进行灌溉。

三、农业机械化发展情况

现代农业机械正在逐步替代原始的手工、机具和设施而应用于不同的农业经营中，通过季节性耕作、有效地利用投入品来改善农民生产方式，使其生产更具安全性和舒适性，进而提高土地和劳动的产出率，减少生产中带来的损失。农业机械化的实施，大大降低了农业生产如耕作、播种、除草、灌溉或收获等作业环节的密集型操作，农机生产也越来越适应各类耕作制度和种植模式，随着农业机械各种技术广泛使用，最终会实现农业生产的自动化。

土耳其作为农业生产国和农产品出口国，具有"世界粮仓"之称，其巨大的粮食生产数量，成就了土耳其强大的农机制造国地位（Bahatti，2015）。在农业生产过程中，整地及播种基本实现了机械化，同时伴随使用的整地主要机具有铧式犁、圆盘耙、旋耕机、平地机等，有些地区也推行了保护性耕作（韩廷和，2003）。农用机械而言，收获机械化水平还不算太高。其中，全自动的马铃薯收获机及甜菜收获机等大部分依靠进口，由于价格昂贵，所以拥有量较少；玉米及其他谷类作物的机械化收获水平比较低，还未全部使用联合收获机。但是总体来看，土耳其农业机械化指标均优于所有邻国，其中马尔马拉海和爱琴海地区的农业机械化指标在全球是水平较高的地区之一，但指标仍落后于隔海相望的希腊等发达国家。

土耳其机械化的发展离不开生产企业、政策以及管理体系的激励。企业方面，土耳其农机企业组建成农机制造商协会，土耳其农业部门组织农机专家、商会代表以及国外销售商进行座谈，每年定期沟通农机使用者和生产者的信息数据，研究农机新技术发展方向和新项目。一方面，这种座谈会为土耳其农机推广和出口起到较大作用；另一方面，农机企业结合反馈的生产者的数据，从而更贴合需求改进农机，使得农机运用效率增加。政策方面，土耳其政府扶持农机化发展的政策主要有：一是对农民购买农业机械提供优惠贷款，凡是购买农业与农村事务部鉴定合格的农机产品，均可获得利率很低的贷款；二是给农民提供直接补贴，土耳其政府每年为农民提供 100 美元/公顷的直接补贴，主要用于购买、使用农业机械以及化肥等农业生产资料；三是政府设立了负责农机产品试验鉴定的专门机构，采用自愿的方式承接农机企业产品的质量试验鉴定工作。

土耳其政府十分重视农业机械的质量管理，具有严谨的农机管理体系。农业与农村事务部下设的农机设备试验鉴定中心是农业机械质量检验的权威机构，上市的农机产品必须经过该鉴定中心的检验鉴定，并经过田间生产试验，进行严格质量把控。由于农业与农村事务部对农业机械质量管理严格，农机生产企业也十分注重产品性能质量的改进和提高。

四、特色农业生产技术

（一）有机农业发展情况

有机农业是一种可持续的农业生产方式，其特点是在作物和饲料生产中不使用人工化肥和合成农药，在畜禽生产中不使用激素和抗生素，并不使用转基因生物（Özbilge，2007）。有机农业作为环境、社会和国家利益一体化的路径，不仅保护环境和人类健康，而且是一种高附加值的经济活动，为农民提供了更高的收入机会，日益受到世界各国的重视，并得到越来越多人的支持。至2016 年年底，全球用于有机农业的土地已超过 3 000 万公顷。

土耳其发展有机农业，一方面在于土耳其拥有着无污染的土壤、多种作物生长的有利气候以及高利用率的土地，也适合土耳其小规模组织和丰富劳动力的特征；另一方面，20 世纪 80 年代欧盟对有机产品需求不断增长，从而加快了土耳其农业有机化进程，特别是在 1994 年出台有机农业管理规定后，土耳其有机农场数量不断增加，可以说外来需求影响了有机生产决策（OECD，2016）。为加快土耳其有机农业发展，政府出台多项政策和补贴发展有机农业。

2000 年，世界银行的农业改革实施项目（ARIP）和欧盟加入前援助农村发展工具（IPARD）为有机农业提供优惠贷款和补助。2004 年，土耳其进一步提出对所有从事有机农产品或投入品生产、收集、包装及贸易的公司提供 60% 折扣的有息贷款，但受益于这种支持的有机生产者的数量很低。为此，2005 年，土耳其提出《土耳其有机农业战略计划》和《改进和推广有机农业行动计划》，对农户进行直接补贴，同时对有机牲畜养殖的农民提高 50% 的补贴，但要求有机生产者必须在有机农业信息系统中注册，且有机生产面积不能少于 1/12（OECD，2016）。同时政府与银行合作，通过利息补贴的方式向有机农业生产的个体生产者和生产者集团提供投资和贷款，如土耳其共和国农业银行（Ziraat Bank）和政府合作后，有机农业贷款从 2008 年的 3.72 亿土耳其里拉（1.38 亿美元）增长到 2015 年的 13 亿土耳其里拉（4.81 亿美元）。

为加速土耳其有机农业发展，政府建立了大量农业信息系统（TBS）及其移动应用，以便于主管部门进行完整的信息收集和分析，为补贴提供依据。除此之外，政府还建立了农场登记系统（TIKAS）、合作信用跟踪系统（KKKS）、植物生态需求数据库应用程序（BEGVET）以及营销信息系统（PBS）等，覆盖了农畜业购买、生产、销售的全流程，为有机农业发展提供全方面数据。通过政府不断努力，2019 年，有机农耕区占土耳其农业总面积的比例已达 5.3%。但由于农业政策未来规划不清晰、财政支持力度不够，使得农民生产积极性有所下降。未来土耳其有机农业发展之路，任重而道远。

（二）浇灌农业发展情况

水资源缺乏是许多国家农业发展的主要限制因素之一，进一步提高水资源利用率、大力发展现代节水浇灌农业是有效途径之一。浇灌农业多用于因为降水较少，主要依靠地下水、河流水等水源发展的干旱半干旱地区。以色列的节水灌溉系统和水肥一体化技术世界闻名，应用面积极高，但其实土耳其在节水浇灌农业技术方面也走在世界前列。

土耳其地跨欧亚大陆，占地面积较广，地理和气候情况较为复杂。虽然说土耳其是地中海气候，实际上比同属地中海气候的希腊、意大利干旱得多，绝大部分地区属于亚热带地中海式气候，年平均降水量 650 毫米左右，而在一些特别干旱的内陆地区，年降水量甚至不足 200 毫米。在浇灌农业、开发利用水资源和水资源管理等方面，土耳其积累了不少经验，例如，安纳托利亚的内陆和东南部是土耳其较为干燥的地区，土壤主要是红色土壤和棕色土壤，多为钙质土，适合发展浇灌农业，浇灌农业也成为土耳其农业生产技术方面的一大特色。

浇灌农业是土耳其可持续发展的基础，对土耳其提高农业生产的经济活力起着至关重要的作用，政府非常重视灌溉的发展与管理灌溉，因此浇灌农业也早早得到重视和发展，并取得较为显著的效果。土耳其从1960年开始考察河流，1977年调查水资源，1989年开始研发计划，1995年编制可持续人口发展计划。根据里约热内卢《可持续发展和气候行动纲要》，其内容就是保护土地、水资源和促进人类全面发展的综合性开发计划，其可持续性就是不影响将来人类的生存与发展。

为了加快灌溉农业的发展，奠定可持续发展的基础，土耳其实施了土地集体化政策，利用现代管理模式将每户农民依法拥有的土地通过收购的形式，将分散的土地进行集中使用，将公路、田间道路和田间供水系统有机地结合起来，降低开发成本，提高水资源利用率。在实施土地集体化的进程中，政府支持社会公共服务设施的建设，提高管理水平，加快城市化进程，使城市人口逐步增加达到65%，农村人口减少到35%。土地集体化有利于实现农业机械化，有利于加强农村基础生产设施和基础生活设施建设，如修建农村道路、水利工程等。

1. 浇灌方式

按照不同的标准，浇灌方式可以分为不同种类。土耳其水利事务总局管理的灌区主要有三种浇灌方式：传统式、敞口式和管道式。传统式灌溉面积约占灌溉总面积的46%，敞口式灌溉面积约占灌溉总面积的48%，管道式灌溉面积约占灌溉总面积的6%。

另外，土耳其约94%的浇灌地采用的是地表浇灌的方法，如沟灌、渠灌和漫灌，其他的部分采用加压灌溉，如喷灌、滴灌。有20万公顷的土地安装了喷灌系统，这种方式在当地农民中比较普遍，土耳其水利事务总局的灌溉工程中，有8万公顷的土地也采用这种方式（主要是提供给甜菜、谷类、苜蓿、向日葵、甜瓜和蔬菜等作物）。而灌溉工程中的1.1万公顷采用滴灌，主要适用于柑橘类、葡萄、草莓、蔬菜的灌溉。

2. 管理体系

土耳其负责灌溉农业的部门有水利事务总局和农业与农村事务部农村服务

总局两个部门，在各个地区均设有分支机构即二级网络，每个分支机构下设三级服务网络——灌溉协会和农村合作社。各自有分工，但也有协作，职能也各有侧重。

水利事务总局是水利行业的行政主管部门，负责500立方米以上的水利工程的建设与管理，在各个地区设有分局，主要负责水利事业政策的贯彻执行、灌溉协会的管理及技术指导、财务资产的审计与监督等。在不同地区水利事务分局，根据灌溉面积的多少，成立很多灌溉协会，灌溉协会是由地方政府组织的、农民参加的委员会，市长、镇长、村长均是委员，会长是农民，通过选举产生，任期4年。灌溉协会是管理大型灌区的，是水利事务总局移交资产的单位，主要负责水资源管理、设施维护、收缴水费、财务资产管理等。水利事务总局将资产移交给灌溉协会时，只是将使用权交给农民，产权还是国家的，所有权与使用权是分离的。资产移交后，遇到自然灾害受到损坏时，由国家负责；人为损坏时，由灌溉协会负责。灌溉协会接收资产时，5年内免交资产使用费，5年以后开始还工程款时，水费要适当提价，每年还款的比例也是不一样的。

农业与农村事务部农村服务总局主要负责农村道路、农村住房、农村用水、农村教育、田间水利工程等生活基础设施建设，田间道路建设、水资源利用和灌区管理是主要任务。农村合作社是农村服务总局的基层组织，是接收农村服务总局移交资产的单位。农村合作社由村长和农民组成，主要负责小型水利工程——田间水利工程的使用、维护和管理，水费的收取与使用，及财务资产管理等。农村服务总局将资产移交给农村合作社时，其所有权与使用权一起移交，真正做到所有权与使用权的统一。

土耳其政府对灌区的规划设计、操作与维护、管理和经营等工作十分重视，目的就是把收益最大化，降低使用成本，保证经济可持续发展。灌溉项目的管理职责由国家管理向地方管理转移，自从1990年通过灌溉协会和农村合作社形式将管理权限下放给农民以后，农民就要向国家缴纳使用费，灌溉面积不断增加，农民也逐渐掌握了灌溉技术。这就使水资源在灌区得到最好的利用，农民有收益，国家也有益处。政府财政部在预算上安排维护费的比例就可以降低，减轻政府财政负担。这种情况一直持续到1993年世界银行开始帮助加快实施这一计划，当年是为了起到示范作用，让农民逐渐接受，待取得成功经验后，再扩大移交范围，灌溉工程的规模逐渐扩大，移交灌区的面积逐渐增加，移交的速度也在加快。土耳其全国有 444 个提灌站，已有 320 个移交下去，但机械设备没有移交，而继续由国家管理，其维护费从世界银行贷款中解决。

第二节 土耳其农村发展现状

一、农村人口

（一）性别结构

根据土耳其国家统计局的数据显示，2019 年土耳其人口总数为 8 315.5 万。从性别结构来看，2019 年土耳其男性人口数量为 4 172.1 万，占总人口比重的50.17％；女性人口数量为 4 143.4 万，占总人口比重的 49.83％。尽管土耳其农村妇女在本国农业生产中扮演着重要角色，但是她们在农业生产中的重要作用却常常被忽视。

在农村发展工作中，从事农业工作的妇女是一个劳动力群体，在制定政策时应特别考虑，要注意改善妇女的社会保障和工作生活条件。与男性相比，妇女获得生产资源的机会更少，这使得妇女在对家庭收入的控制上缺少发言权，且在公共领域也较少能承担管理角色。尽管妇女不拥有农村地区的土地，但她们是主要使用者之一，妇女在农村地区的每个生产阶段都发挥着作用。考虑到女性劳动力在农业生产中的比重，提高女性在生产和销售方面的专业技能将提高农业竞争力，因此，除了职业技能以外，还应向妇女提供包括可持续农业实践在内的培训计划，使她们可以通过在公共教育中心接受培训从而获得更多收入。此外，许多研究调查了农村妇女在土耳其农业生产中的重要地位（Cennet，2015）。

在这种情况下，土耳其政府制定并实施了《增强农村地区妇女权能国家行动计划》。该行动计划涵盖 3 个实施期：短期 （2012—2013 年）、中期（2012—2014 年）和长期（2012—2016 年及以后）。其目标是使农村妇女参与到国家发展工作中来，提高妇女在农村地区的地位，提高妇女在土耳其统计数据中的相关指标及国际排名，以及实现农业生产上的性别平等。

（二）年龄结构

在土耳其，农村居民区人口减少和老龄化带来的风险正在增加，靠近城市的农村地区和偏远的农村地区之间的人口趋势存在明显差异。根据土耳其国家统计局的数据，2014 年土耳其 65 岁及 65 岁以上的老年人口为 619.3 万，近 5 年增长了 22%，2019 年达到 755.0 万。老年人口在总人口中的比例从 2014 年的 8% 增加到 2019 年的 9.1%。截至 2019 年，老年人口中，男性有 333.7 万，占老年人口的 44.2%，女性有 421.3 万，占 55.8%。

农村地区最重要的问题之一是：与城市地区相比，人口结构的老龄化更为明显。特别是农村生产性劳动力和年轻人向城市的迁徙加剧了老龄化问题。一直以来，从农村到城市的移民一直是发展政策领域的重要议程项目。但是，很难基于有效的因果关系去进行迁移分析，因为迁移对农村和城市的影响是不同的。除了农业结构性问题以及随着农业机械化水平的提高对劳动力的需求逐渐减少等基本因素外，城市在教育、卫生、就业、社会和文化机会方面的吸引力等因素也触发了农村向城市的迁移。迁移的触发因素不仅限于经济原因，若能改善获得基本公共服务的机会以及提高农村地区服务质量，将会减少移民。

在 20 世纪 50 年代的土耳其，从村庄到城市的迁徙不仅指向自己所在省和地区中心，还指向较远的大城市。移民与农村地区的关系紧密度取决于移民距离。在某些情况下，移民导致贫困，特别是在农村地区，移居城市并没有改变其生活状况。这是因为，一方面移民的影响加深了城市的空间分隔，另一方面它可能导致贫困的空间集中。贫困现象在因移民较多城市地区已初显端倪，那些从农村移民来到城市的人无法留在市中心，而大多定居在市中心以外的社区。对于生活在城市海岸上的人们来说，远离市中心意味着在城市的经济、社会和文化之外，并且无法参与城市的制度化生产过程。处于这种情况的人通常没有固定工作或收入。在农村地区生活和工作的年轻人口有逐渐减少的趋势，农村地区的年轻人往城市的迁移对农村地区的人口结构产生了负面影响，使得农村地区人口持续稀释的风险不断增加，人口老龄化是农村居民迁移所引发的主要问题，仅依靠养老金来维持生活的老年夫妇的家庭数量有所增加。

从农村到城市的迁移现象应与其他迁移类型一起进行评估。实际上，在某些地区，也有从城市到农村居民区的反向迁移。除了住所季节性变化的往返迁移之外，因农业工作的季节性迁移也是主要的迁移运动之一。

二、农村经营主体

作为农业经营体系中的两类经营主体，家庭农业在土耳其农村普遍存在，支持家庭农业对农村可持续发展至关重要，而合作社是农村发展工作中功能最强大的机构之一，农村发展的基础是农民组织，合作社可以更好地参与农业和农村发展支持计划的实施。因此，保护家庭农业结构并通过合作社来提高生产能力非常重要。

（一）家庭农业

通常可以将小型企业或家族企业定义为相对较小的经济单位，这些经济单位可以由生产领域竞争能力较弱的独立人士来建立和运营。小型农业企业是依靠家庭成员的劳动而经营的企业，这些企业的土地面积可在0.25～10公顷变化，这取决于它们所处的地区、所种的作物和征地情况（Lipton，2005）。缺少年轻的劳动力、生产规模不经济、难以获得现代农业知识和农业支持，这些都是土耳其家庭农业面临的主要问题。

根据联合国粮食及农业组织（FAO）的建议，2014年为国际家庭农业年。这样做的主要目的是强调家庭农业在战胜饥饿和贫困以及保护自然资源方面的重要性，吸引全世界对农民家庭和小规模农业的关注，从小规模举措开始消除饥饿和贫困，确保粮食安全和营养充足，改善生计以及确保自然资源和环境管理效率。此外，它旨在确保小型家族企业的可持续性，并使之成为农村发展的有效组成部分。以家庭农业为基础的企业，有助于保护传统食品，保护农业生物多样性利于资源的可持续利用，可以提供平衡营养的机会，它正在成为一种有助于资源可持续利用的结构[①]。从这个角度看，农业生产的主要负担是以家庭农业形式经营的农业企业。近年来，有人指出，家庭农业在气候变化、遗传资源和生物多样性的养护和可持续性、粮食安全和防止移徙方面仍然保持其重要性，支持家庭农业对农村可持续发展至关重要。

除了计划在2014年后专门针对此类企业启动的支持计划外，土耳其粮食、农业和畜牧部（MFAL）还采取了一些措施来改善这些企业的申请条件，使他

---

① 土耳其农业与农村事务部：https：//www.tarim.gov.tr/。

们可以更轻松地从正在进行的农业和农村发展支持计划中受益。考虑到土耳其农业的平均业务规模、农业就业结构和女性农民在农业生产中的作用，可以看出家庭经营条件普遍存在，保护这种结构并通过合作社提高生产能力非常重要。

（二）农村合作社

合作社一词，最初来源于英文中的 Cooperation 或 Cooperative Society。但由于各个国家的具体国情和政策导向不一样，各国的合作社法对合作社的明确定义或多或少有差异。根据这一特殊情况，国际合作社联盟（ICA）将合作社的含义界定为"自愿联合起来的人们通过共同所有民主控制的企业来满足他们共同的经济、社会文化的需求抱负的自愿联合体"。这个概念在 2002 年得到了国际劳工组织的认可，并且在第 90 届国际劳工大会通过的《2002 年促进合作社建议书》（以下称《建议书》）中对该定义作了进一步的完善。《建议书》规定："合作社是自愿联合在一起的人们通过组织联合所有的企业来满足他们的经济、社会与文化的需求和抱负的自治联合体，他们按企业所需资本公平出资，公正地分担风险、分享利益，并主动参与企业民主管理。"合作社是现今世界普遍存在的一种经济模式，它作为在市场经济形式下推动农业经济稳步发展的一种常用经济组织模式，许多国家都有不同模式的建立和发展（胡萍，2013）。

自土耳其第一个五年发展计划（1963—1967 年）以来，合作社已在发展计划中占有重要地位，从法律意义上来说，土耳其合作社的发展历程经历了三个时期：第一个时期大致始于 19 世纪 90 年代的土耳其帝国；第二个时期始于1935 年，以土耳其共和国初期颁布的《合作社法》为开端；最后一个时期即现阶段，以 1969 年新颁布的《合作社法》开始。从 20 世纪 80 年代开始，土耳其的合作社系统呈现出一种新理念，并投入各种新实践。独立于国家的合作社数量日益增多，并迈步走上了垂直化组织的发展道路（杨曼苏，1986）。其实，这种独立的合作社以前就存在，只是当时政府并不允许建立地区性或集中化的机构，新《合作社法》为独立于国家的合作社快速组织发展提供了机遇。

从国家政策来说，土耳其共和国成立后，国家不断鼓励《土耳其商业法》中对合作社公司的定义以及合作社的建立和广泛使用。在 20 世纪 30 年代，为了免受大萧条的负面影响，在政府的支持下成立了农业销售和农业信贷合作社,通过降低农业投入成本来组织具有较高出口价值的农产品的生产和销售,并在全国范围内推广。农业方面的组织努力对于建立农村发展领域所需的机构能力至关重要。在进行了相关利益分析后,土耳其的生产者组织被确认是最合适的选择。合作社在确保生产者和消费者之间,或者说,在农村和城市之间的融合方面起着重要作用。

必须将合作社视为农村发展努力的重点。农村发展的基础是农民组织,农民组织的缺乏导致农业生产和农产品销售效率低下。应克服农业的组织问题,并应立即解决现有技术和机构能力方面的不足。对于农民而言,正确有效的组织取决于是否存在运作良好的农业咨询机构和农业销售网络。应做出法律和体制安排,以消除农业合作社中持续的权利混乱和结构性问题。合作社是农村发展工作中功能最强大的机构之一,应鼓励农民加入合作社,并支持已建立的合作社。重要的是,有关机构必须团结起来进行合作,以授权一个部委负责制定、实施和监督政策。合作社在维持中小型家族企业的农业活动中可以承担非常重要的任务,尤其是在农民培训、机器使用、种子、灌溉等领域。

为了克服存在于农村合作社中的结构性问题,有必要制定一套与合作社的普遍价值和原则相适应的综合性法律。目前,根据有关土耳其合作社的法律,有第 1163 号合作社法,关于农业信用合作社和工会的第 1581 号法律以及关于农业销售合作社和工会的第 4572 号法律。除此以外,有关土耳其农业生产者组织的第 5200 号联合法增加了其多样性。目前,按照欧盟标准,对农业合作社要做的第一件事就是简化立法。另外,土耳其合作组织内部的缺陷也正在等待解决。

在对发展农业合作社的欧盟国家进行考察时,发现各国有类似的农业合作社上级组织,例如荷兰国家农业合作社理事会、法国农业合作社联合会以及意大利合作社联合会。在这方面,土耳其农业合作社的最高组织认为有必要在全国合作社联盟的协调下,与有关部门合作,与合作社及工会代表进行技术研究。土耳其农业和农村发展机构以及提供贷款或赠款条件的组织有许多不同的情况。例如,虽然受第 1163 号法律约束的农业合作社在提供贷款和赠款方面具有部分优势(例如利息折扣),但受第 4572 号法律约束的农业销售合作社和工会无法充分受益于此类优势。因此,需要通过简化立法消除类似的分歧。

改善合作社教育是在整个社会中将合作社作为一种合理的经济手段使用的最优先战略之一。合作社可以通过在合作社教育中达到高标准来为农村发展取得预期的积极效果，仅在农业和商业管理领域提供合作教育是不够的，应该采用多学科方法，包括公共行政、金融、发展经济学和社会学等领域。在全球化的影响下，跨国公司在农业和食品领域控制市场、投入成本的增加、产品价格对投机的敏感性等各种原因，迫使农业合作社相互合作。在这种情况下，信贷、销售、投入物供应、能源和教育等领域已成为农业合作社的共同活动。这种情况引起了关于"集成合作社"在各种平台中的适用性的讨论。可以通过"集成合作社"为采购、营销、销售和信贷问题带来解决方案。有必要在不同类型的合作社之间建立合作渠道，通过发起农业综合合作社运动增添发展动力，为此，有必要重新设计机构的基础设施。例如，参照欧洲联盟的农业组织结构，土耳其建立了一种新型农业合作社模式的组织结构。

近年来土耳其政府大力推动农业结构性转变，农业较其他领域对投资者更具吸引力，而农村发展合作社在其中发挥了无可替代的作用。合作社已成为土耳其农村经济的一种组织形式，使生产者有效组织起来，推进了农工一体化，减少了农产品与消费者之间的中间环节，增强了生产者在国内外市场上的地位和对国家农业政策的影响力，加快了农村发展，因而受到国家重视和扶持（胡萍，2013）。

三、农村教育和卫生服务

农业是农村农民的主要收入来源，受教育程度和农民的收入水平及生产能力紧密相关，受教育程度越高，农民生产能力越强，收入自然也会随之增长。现代农业生产活动是以科学的方法、教育和研究为基础的，但这些问题都需要高素质的劳动力。

像许多发展中国家一样，土耳其也面临着许多问题，这些问题限制了农村的可持续发展。例如，农村发展的最大障碍是农业教育，因为尤其是在农村地区，农业教育在减轻贫困方面具有重要作用。要培训农民，提高农村社区的教育水平以实现可持续发展。随着知识的增加，农村居民有了寻找新的收入来源和就业的能力，农村的就业机会将减少农村人口的迁移（Ayzin et al.，2012）。

使农村人口在其所在地区获得合格的教育和保健服务对于农村的可持续发展非常重要。如今，人们对这些服务质量的期望越来越高，服务需求也不断变化。考虑到农村地区的人口规模和人口结构，重要的是要根据农村地区的条件和需求来提供相应的教育和保健服务。有必要制定一项包容性服务提供政策，以服务农村定居点中的所有年龄段的人。

农村居民点学校的物理和技术设备能力以及对人员的需求，是从学前教育到终身学习活动提供所有教育服务的关键因素。另一方面，农村人口的老龄化趋势导致学龄人口下降，这种情况导致学校数量减少，而在公共教育范围内的学校数量增加。在农村人口少的省份，对公共教育服务的依赖特别高。因此，在这些乡村中活跃的小学和中学的数量相对较少。确保村庄获得正规和非正规教育服务的连续性将提高人的能力并加速农村发展。就农村地区的职业教育而言，村民定期进入公共教育中心十分重要，这是按地区制度化的，截至2017年，全国共有986个中心[1]。在这些地区，可以为成年人制定各种非正规教育计划，以提高他们的职业技能，特别是在农业活动强度较低的季节。

正规教育中的另一个问题是，农业职业高中的数量减少，失去了其应有的作用，有必要提高农业职业高中的效率。在这方面，地区中心职业学校的职能也很重要。地区公共教育中心是非正规教育的另一个重要政策工具，应建立支持机制，以鼓励村庄的成年人参加这些中心的课程。另一方面，土耳其应以农业和农村发展的繁荣为目标。如果组织必要的人力资源，共同行动，并有保护共同利益的意识，就有可能使农村发展工作更具可持续性。

除教育外，卫生也是农村发展中的关键部门之一。基于2013年土耳其人口与健康调查（DHS）的结果，城市地区的生育率为每千人2.16，农村地区为每千人2.73。卫生机构统计的出生率在城市地区为98.7%，在农村地区为91.7%。城镇居民的婴儿死亡率为16‰，而农村居民的婴儿死亡率为22‰。在这些地区建立的社区卫生中心和国立医院是农村地区重要的卫生机构。提高这些机构的组织能力将增强农村地区个人的总体福利。

初级医疗保健和紧急医疗保健是医疗基础设施的关键。就农村公共卫生而言，诸如母婴健康、疫苗接种、牙齿健康、卫生、急救、营养、老年人和残疾人护理等问题是最关键的问题。为了消除农村地区气候和地理环境所带来的不利影响，应优先考虑在需要移动医疗服务和家庭保健服务的地区扩展这些服务。

---

① 土耳其《2016—2017年国家教育统计》。

四、农村第三产业发展

乡村旅游是以旅游度假为宗旨，以乡村自然、文化、生产和生活方式为依托，吸引游客感受休闲放松的村野旅游形式。乡村旅游现已被广泛认为是发展中国家农村地区参与社会经济增长和繁荣的重要内容。

在土耳其，进行农业活动是大多数农村人口的谋生方式，旅游业在解决农村人口尤其是女性就业方面作用显著。旅游业是土耳其的支柱产业，政府对旅游业也很重视，不断加强基础设施建设，完善行业发展。土耳其现代旅游业发展迅猛，入境旅游人数和旅游收入的增幅显著，旅游业国际竞争力不断增强。由于交通便利且近年对各种基础设施和建筑加大投资，加速了土耳其旅游业的发展，使得土耳其乡村旅游国际化程度高。

土耳其的七大乡村旅游区域因为地理和气候原因，所种植的作物不同，区域农产品特色突出，由于这样的差异性，游客可以在不同区域获得不同的体验，避免了区域之间的旅游产品同质现象。土耳其乡村旅游文化内涵深厚，不同的建筑文化、历史文化、饮食文化、宗教文化、传统技艺成为当地发展旅游业的重要依托，这些有形的文化遗产样本对于发展乡村旅游有重要的影响力。2006—2016 年，土耳其有 11 处非物质文化遗产被列入世界文化遗产名录。有很多地方还保留着一些传统和习俗，吸引了大量外国游客的注意（李娟梅，2020）。

土耳其的乡村旅游竞争力主要体现在以乡村旅游为核心，将乡村地区（包括森林、山地、河流、湖泊等自然资源）、乡村文化遗产（如传统价值、地方价值和历史价值）、乡村生活（手工艺、地方美食、地方活动、农业旅游、传统音乐）和乡村活动（徒步、水上运动、钓鱼、骑马、骑脚踏车）紧密结合，满足人们对抗城市化生活中的忙碌与压力的需求（Akkus，2018）。根据土耳其文旅部的调查和相关学者的研究资料，土耳其有许多区域优质乡村旅游资源丰富，不仅有优美的自然风光，有些地区还有天然矿物资源，可持续开发潜力巨大。

五、人文和自然环境

（一）乡村文化

乡村拥有独特的文化和自然的生活方式，可以以最佳方式反映一个国家的传统和习俗的居住空间，也是人文和社会财富的宝贵来源。乡村文化是城市文化的底蕴，具有极为广泛的群众基础，在民族心理和文化传承中有着独特的内涵。村庄是社会的生活记忆，对于维护传统文化和当地风俗至关重要。在现代社会，乡村文化依然是与城市工业文化相对立的一种文化。

土耳其农业文化遗产丰富，文化财富主要来源于微流域特有的当地产品、源自气候和生态的独特农业生产方式、历史建筑、民俗美食、文化节日等，保留这种遗产有助于保护乡村文化。土耳其各地之间的差异是由地理和气候形成的，具有丰富的历史文化价值，各地具有潜力的产品可以根据可持续发展方法在农村地区开展创收活动。

（二）农业环境与气候变化

不利的气候事件，例如降水减少和温度升高，都将导致农业生产下降和粮食安全风险上升。与其他部门相比，农业是受自然、环境、经济和政治风险影响最大的部门。其中，最大的风险是源自气候的自然风险。近年来，由于全球气候变暖和温室效应，人们发现与气候有关的自然灾害的数量和严重性已大大增加。全球变暖使干旱情况增多，而干旱是农业生产的最大风险之一，土耳其也不例外[①]。干旱频发、溪流变干和湖泊萎缩是上述气候风险的一些具体迹象。另外，还可以更清楚地观察到气候变化对食品价格的影响。多年来，肉类价格波动以及由于不同气候事件引起的灾害导致谷物、水果和蔬菜价格上涨已被广泛接受。

在土耳其，农业生产主要在旱作条件下进行，大约 3/4 的农业用地是旱地。土耳其的水资源比较贫瘠，由于平均降水量低和降雨造成的农业生产结构，在生产年期间低于正常降水量会造成巨大的生产损失。气候变化可能会造成严重后果，尤其是在进行单一养殖农业的地区。2003—2004 年和 2006—2007 年，特别是在过去 10 年的干旱中，土耳其的经济和社会负担沉重。在现如今的气候变化战略中，各国制定其国家计划，并尝试采取多种政策，包括已经开始讨论家庭农业在农业中的作用。在应对气候变化的斗争中，小型家庭农业和对传统农业系统的遵守已越来越多地列在议程中（Kan et al.，2014）。中小型农业企业是农村地区的基础。中小型农业企业在全球粮食安全方面具有重

---

① http://www.transboundarywaters.orst.edu/。

要作用，尤其是面对气候变化风险时。由于其灵活的生产结构，中小型农业企业在制定农业和农村发展政策及应对气候变化措施中的作用非常重要。

保护土地资产是可持续性的基础，这一点至关重要。如今，水土流失和荒漠化的危险在增加，气候变化带来了干旱的风险。因此，应该建立一种支持农民水土保持活动的机制。另一方面，土地分割不均也会带来不良后果。也就是说，生产者主要从事农作物生产或畜牧业，这种情况消除了生态和环境友好型农业的可能性，动物废物也会造成环境污染。因此，有必要增加将农作物生产与畜牧业相结合的企业数量，并支持通过将动物粪便埋入土壤来改善土壤质量和生产力的实践。近年来，面对气候变化风险，已经开展了许多活动来增加对可再生能源的利用。在应对气候变化的新进程中，增加可再生能源在总能源中的份额，并提高能源效率。可再生能源领域开发的新技术可降低成本。就能源需求而言，土耳其是欧洲国家中增长最快的国家之一。在土耳其，对进口能源消耗很大，能源依赖程度约为 70%。土耳其在电力生产中拥有煤炭和天然气资源的优势，其次是大坝和水力发电厂。风能、太阳能、地热能和其他可再生能源在发电中的份额不超过 10%[①]。

土耳其是《联合国气候变化框架公约》和《京都议定书》的缔约方之一。在法律框架与欧盟能源立法保持一致方面取得了很大的进步，可提高土耳其《国家气候变化行动计划》中可再生能源在总发电量中的比重。在这方面，土耳其已经开始将特殊措施纳入资助计划。

---

① http：//www.emo.org.tr/。

第四章 CHAPTER 4
土耳其农产品贸易与国际竞争力 ▶▶▶

　　土耳其位于古丝绸之路的中心地带，地处亚欧大陆交汇处，隔地中海与非洲相连，是继"金砖国家"后最具发展潜力的新兴经济体之一。土耳其经济稳步高速发展，为进一步刺激经济发展，土耳其政府又适时提出"2023百年愿景""2053展望""2071千年目标"三大中长期规划目标。作为连接欧亚两大洲的桥梁，土耳其对欧亚连接地区的经济具有带动作用。

第一节　土耳其贸易发展历程及农产品贸易概况

一、对外贸易发展历程

　　土耳其在20世纪80年代以前一直奉行贸易保护主义原则。在20世纪30年代初期，为了尽快恢复经济基础设施建设，土耳其政府出台产业激励法，并颁布出口补贴政策、开放通信服务业等。此后为保护国内工业避免外国竞争，土耳其改变国际贸易政策，开始实施国家计划的关税税率。第二次世界大战之后，土耳其在贸易方面的限制有所放宽，政府积极与世界银行（World Bank）、国际货币基金组织（IMF）、关贸总协定（GATT）接触合作。但是经过一段时间的贸易发展，国内工业依旧未能崛起，并且因资本密集型投资所导致的赤字问题也开始显现。因而在20世纪60年代，土耳其政府又回归计划经济，重新实施贸易保护主义政策，致使土耳其进出口完全依据政府制定的物品清单与配额来进行，这种状况一直持续到20世纪80年代（张丽君，2016）。

　　由于土耳其在20世纪70年代出现严重的经济危机，为了实现经济转型，土耳其政府于20世纪80年代中期开始实施积极的对外开放战略，加速国内市场经济改革和发展，逐步推进贸易自由。在进出口方面，土耳其政府取消进口配额，降低进口关税。土耳其自 1995 年正式成为世界贸易组织（WTO）成员，为积极履行自身在 WTO 中的义务，全面取消与 WTO 规定不相符的出口补贴，并重视与共同关税率保持一致的承诺。在外汇方面，由于土耳其政府大力发展私营经济，努力推进计划经济向市场经济的转型，使金融实现完全自由化。政府允许自由结汇，形成自由的汇市价格。在贸易战略方面，为推进与国际贸易体系的融合，先后加入了各种贸易组织：经济合作组织（ECO）、联合国贸易与发展会议（UNCTAD）、世界关税组织（WCO）、国际商会（ICC）以及其他组织。随着贸易战略的发展，土耳其的对外贸易关系也全面展开，对外贸易国的分布范围不断拓展。从贸易主体分布来看，虽然与美国和俄罗斯的贸易联系日益紧密，但欧盟、中东国家、非洲以及中国等国家和地区仍然是土耳其对外贸易的主体。

二、农产品贸易概况

（一）农产品贸易整体分析

表 4 - 1 列出了 2000—2019 年土耳其的农产品贸易额，在 2000 年，土耳其农产品贸易总额仅为 83.38 亿美元，而经过 20 年的贸易发展后，土耳其农产品贸易额增长到 383.39 亿美元，增长了 3.60 倍，年平均增长率为 8.36%。从表 4 - 1 中还可以看到，在 2000—2019 年，土耳其农产品贸易既出现顺差又出现逆差，其中出现顺差额最大的年份是 2009 年，顺差金额达到 21.90 亿美元。

表 4 - 1 2000—2019 年土耳其农产品贸易情况

单位：亿美元

年份	出口额	进口额	贸易总额	贸易顺逆差
2000	39.68	43.70	83.38	−4.03
2001	43.86	35.37	79.23	8.48
2002	40.17	40.73	80.90	−0.55
2003	48.96	48.64	97.60	0.33
2004	61.54	56.73	118.27	4.81
2005	83.54	72.27	155.81	11.27
2006	84.02	85.25	169.27	−1.23

（续）

年份	出口额	进口额	贸易总额	贸易顺逆差
2007	94.85	100.69	195.53	−5.84
2008	108.76	116.24	225.00	−7.48
2009	109.93	88.03	197.95	21.90
2010	127.06	141.15	268.21	−14.09
2011	155.24	192.53	347.77	−37.29
2012	156.56	165.78	322.34	−9.22
2013	170.87	155.18	326.05	15.70
2014	178.36	163.36	341.72	15.00
2015	179.73	175.18	354.91	4.56
2016	174.81	161.36	336.17	13.46
2017	173.02	180.17	353.19	−7.14
2018	173.53	174.25	347.78	−0.71
2019	194.31	189.08	383.39	5.23

数据来源：根据联合国商品贸易统计（UN Comtrade）数据库整理而得。

（二）农产品出口规模分析

从图 4-1 可以看出，在 2000—2019 年期间，土耳其农产品出口贸易总体上呈增长趋势，2000 年土耳其农产品出口贸易额为 39.68 亿美元，截至 2019 年，土耳其农产品出口贸易额为 194.31 亿美元，增长了 3.90 倍，年平均增长率为 8.72%。其中，在 2000—2008 年期间，土耳其农产品出口贸易额表现出快速增长趋势，此后贸易额增长比较平稳。

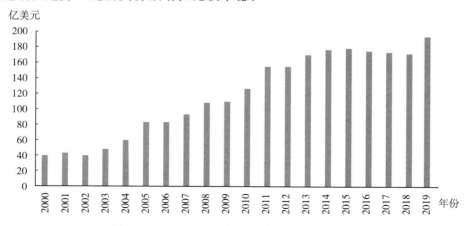

图 4-1　2000—2019 年土耳其农产品出口情况

数据来源：根据 UN Comtrade 数据库整理而得。

（三）农产品出口结构分析

由表4-2可以看出，2000年土耳其出口的农产品主要有五大类：蔬菜和水果，烟草及烟草制品，谷物及谷物制品，糖、糖制品及蜂蜜，纺织纤维。其中蔬菜和水果占比较大，达到了45.48%，其他四类产品占比分别为12.38%、10.18%、5.97%和4.86%，这五类农产品占据了土耳其农产品出口额的78.87%。经过了20年的发展，农产品出口结构有所变化，蔬菜和水果、谷物及谷物制品、鱼及鱼制品成为土耳其出口最主要的农产品，这三类农产品占农产品出口总额的64.09%。

表4-2　土耳其农产品出口产品结构分析

2000年			2019年		
SITC编码	产品名称	占比（%）	SITC编码	产品名称	占比（%）
00	活动物	0.05	00	活动物	0.44
01	肉及肉制品	0.33	01	肉及肉制品	3.68
02	奶产品和禽类	0.54	02	奶产品和禽类	3.64
03	鱼及鱼制品	2.22	03	鱼及鱼制品	5.26
04	谷物及谷物制品	10.18	04	谷物及谷物制品	17.49
05	蔬菜和水果	45.48	05	蔬菜和水果	41.34
06	糖、糖制品及蜂蜜	5.97	06	糖、糖制品及蜂蜜	3.44
07	咖啡、茶、可可粉及香料	3.48	07	咖啡、茶、可可粉及香料	4.69
08	动物饲料	0.26	08	动物饲料	2.16
09	混合及油质水果	3.78	09	混合及油质水果	4.46
11	饮料	0.94	11	饮料	1.82
12	烟草及烟草制品	12.38	12	烟草及烟草制品	4.68
21	生皮及皮革	0.63	21	生皮及皮革	0.02
22	含油种子及油质水果	0.58	22	含油种子及油质水果	2.08
23	天然橡胶	0.24	23	天然橡胶	0.25
24	软木及木材	0.41	24	软木及木材	0.33
25	纸浆及废纸	0.02	25	纸浆及废纸	0.30
26	纺织纤维	4.86	26	纺织纤维	2.39
29	未加工动植物原料	1.60	29	未加工动植物原料	1.29
41	动物油脂	0.04	41	动物油脂	0.07

（续）

	2000 年			2019 年	
SITC 编码	产品名称	占比（%）	SITC 编码	产品名称	占比（%）
42	固态植物油脂	1.82	42	固态植物油脂	0.08
43	加工后的动植物油脂类	4.17	43	加工后的动植物油脂类	0.10

数据来源：根据 UN Comtrade 数据库整理而得。

（四）农产品进口规模分析

如图 4-2 所示，土耳其农产品进口贸易额总体上呈波动性，2000 年土耳其农产品进口贸易额仅为 43.70 亿美元，经过了 12 年的发展后，在 2011 年土耳其进口农产品贸易额达到了最高值 192.53 亿美元，增长了 3.41 倍，年平均增长率为 14.42%。在 2012 年之后，土耳其农产品进口贸易额呈现波动性，2019 年进口贸易额为 189.08 亿美元。

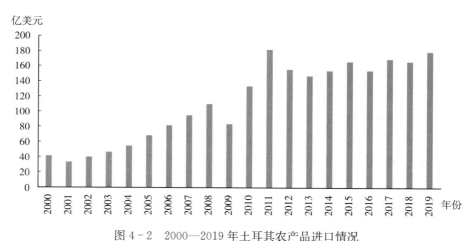

图 4-2　2000—2019 年土耳其农产品进口情况

数据来源：根据 UN Comtrade 数据库整理而得。

（五）农产品进口产品结构分析

从表 4-3 中可以看出，2000 年土耳其进口的农产品主要有五大类：纺织纤维、谷物及谷物制品、烟草及烟草制品、固态植物油脂和加工后的动植物油脂类，其中纺织纤维产品占比较大，达到了 25.46%，其他四类产品占比分别为：9.33%、8.01%、6.67% 和 6.15%，这五类农产品占据了土耳其农产品进口额的 55.62%。对比发现，2019 年土耳其进口的农产品主要是谷物及谷物制品、纺织纤维、含油种子及油质水果、动物饲料以及蔬菜和水果，五类农产品占比达到了 63.06%。

表 4-3　土耳其农产品进口产品结构分析

2000 年			2019 年		
SITC 编码	产品名称	占比（%）	SITC 编码	产品名称	占比（%）
00	活动物	0.77	00	活动物	3.71
01	肉及肉制品	0.04	01	肉及肉制品	0.47
02	奶产品和禽类	0.84	02	奶产品和禽类	0.82
03	鱼及鱼制品	0.85	03	鱼及鱼制品	1.05
04	谷物及谷物制品	9.33	04	谷物及谷物制品	19.47
05	蔬菜和水果	4.40	05	蔬菜和水果	8.71
06	糖、糖制品及蜂蜜	0.36	06	糖、糖制品及蜂蜜	1.00
07	咖啡、茶、可可粉及香料	2.82	07	咖啡、茶、可可粉及香料	5.77
08	动物饲料	4.71	08	动物饲料	9.02
09	混合及油质水果	2.32	09	混合及油质水果	3.58
11	饮料	0.33	11	饮料	1.45
12	烟草及烟草制品	8.01	12	烟草及烟草制品	3.97
21	生皮及皮革	4.98	21	生皮及皮革	0.48
22	含油种子及油质水果	5.34	22	含油种子及油质水果	10.28
23	天然橡胶	3.62	23	天然橡胶	4.70
24	软木及木材	4.17	24	软木及木材	1.09
25	纸浆及废纸	5.41	25	纸浆及废纸	5.28
26	纺织纤维	25.46	26	纺织纤维	15.58
29	未加工动植物原料	2.25	29	未加工动植物原料	1.56
41	动物油脂	1.17	41	动物油脂	0.51
42	固态植物油脂	6.67	42	固态植物油脂	0.80
43	加工后的动植物油脂类	6.15	43	加工后的动植物油脂类	0.70

数据来源：根据 UN Comtrade 数据库整理而得。

三、特色农产品贸易与推介

（一）特色农产品贸易

多样的地理和气候使土耳其适合种植多种农作物，丰富的生产使其能够保持显著的贸易顺差。

根据土耳其农业部 2019 年数据，土耳其是全球榛子、樱桃、无花果和杏的最大出口国，这些产品的总出口收入达 21.7 亿美元。2018 年土耳其农产品出口额增加至 177 亿美元，虽然药材、棉麻丝、薯类和谷物粮食、花卉等农产品大类在世界出口占比中名列前茅（图 4 - 3），但细分下来土耳其榛子、樱桃、无花果和杏等具有一定优势的农产品的产量和出口量也均居世界领先地位。在 20 种农产品的全球出口占比中，土耳其榛子占 67%，樱桃占 26%，无花果占 27%，杏占 23%，居全球第一。土耳其樱桃产量达 62.7 万吨，出口额达 1.62 亿美元；杏产量 75 万～98.5 万吨，出口额达 2.94 亿美元。此外，土耳其的番木瓜、甜瓜和西瓜产量位列全球第二；扁豆、开心果、栗子、樱桃和黄瓜产量位列全球第三；核桃、橄榄、苹果、番茄、茄子、菠菜和辣椒产量位列全球第四。

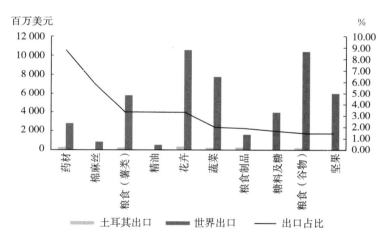

图 4 - 3 2019 年土耳其部分商品出口占世界比例

1. 榛子

土耳其出口的榛子主要是榛子仁。土耳其每年出口榛子仁 25 万吨左右，出口贸易量占世界榛子出口贸易量的 80% 左右。年份间出口价格有较大的差异，主要受当年产量和质量的影响，产量高的年份价格低些，产量低的年份价格高些，平均每千克榛子仁 8 美元左右。

欧洲国家是土耳其榛子的主要进口国，其中德国、意大利、法国 3 个国家占了土耳其榛子出口量的 55.6%。意大利是榛子第二生产国，但是每年也从土耳其进口榛子，主要是费列罗公司加工榛仁巧克力需要大量的榛子。中国一直是榛子进口国，如 2015—2016 年产季，中国从土耳其进口了 4 866 吨榛子仁，近年来随着中国市场消费的不断扩大，尤其是国内一些企业从土耳其进口榛子仁用于榛子乳等产品加工，进口量应该是大幅度增加的。

土耳其榛子主要用于加工，其中 70％用于榛仁巧克力加工，20％用于派等焙烤食品和糖果产品，其余 10％作为带壳榛子销售。土耳其国内市场尤其是出口市场销售的榛子产品或加工产品有 48 种之多。土耳其从事榛子及其加工产品仓储和销售的公司有 300 家以上。从事榛子产品加工的企业有 200 家以上。

2. 棉花

土耳其在棉花贸易、进出口、消费等环节实行完全市场化的政策，包括：一是推行国家检验，保证流通中的棉花质量。由外贸署负责棉花检验，国内生产的所有棉花都必须经过国家检验，没有检验证书和在棉包上没有检验机构印章的棉花不能销售。检验证书还是棉花生产补贴发放的主要依据之一。二是采取优惠政策措施，扶持棉花产业，促进纺织工业发展。土耳其是世界纺织品生产和出口大国之一，纺织业在国民经济中占有重要地位。2006 年纺织产值占国内生产总值的 10％，直接和间接就业 500 万人。生产的纺织品 80％用于出口，其中使用棉花纤维的纺织品占 2/3。2017 年纺织品出口额为 80 亿美元，服装出口额达到 170 亿美元，在其总出口份额中占 16％，居世界第四位。欧盟是其最大出口贸易对象，占到年出口总量的 80％～85％。政府制定了多项扶持棉花产业的政策，包括对棉农的高额补贴、对棉花进口实行零关税、对在欠发达地区发展纺织实行减免税、对棉花检验实行免费制、国家财政拨专款进行棉花良种研发等。

3. 部分水果及其制品

据爱琴海出口商协会（EIB）数据汇编的信息，土耳其在葡萄干出口集中的 2017 年 9 月—2018 年 5 月，出口产品 20 多万吨，获益 3 万多亿美元。欧盟国家是土耳其最大的干果市场，土耳其对英国的葡萄干出口额排名第一，为 1 亿多美元；其次是对德国的出口，出口额为 4 595 多万美元，以及对荷兰的出口为 3 921 多万美元。对中国的葡萄干出口值在此期间增长 120％，出口额达到 399.1 万美元；对日本实现的葡萄干出口额增长 87％，出口额达到 1 096.9 万美元；土耳其向泰国出口的葡萄干增长 231％，出口额达 126.1 万美元，对韩国的葡萄干出口增长 46％，出口额达 110.3 万美元。

2019 年，土耳其车厘子对世界的出口额为 1.61 亿美元，对中国的车厘子出口规模约为 410 万美元。

（二）特色农产品推介

土耳其拥有世界五大商会之一的伊斯坦布尔商会，时常出席各种土耳其市场推介会、认证会或者说明会，介绍土耳其经贸状况、与别国举办经贸促进活动，加强土耳其与世界的经贸合作。其中，土耳其的特色农产品是推介的主要对象。

榛子是土耳其一大特色农产品，同时也是推介做得最好的农产品之一。1997 年，土耳其榛子推广集团（HPG）成立后，就一直在土耳其和美国进行推广活动。随后在 2000 年和 2001 年，开始在日本和中国推行广告、举办宣传活动，2005 年开始进行针对印度和俄罗斯的推广和宣传活动。这些针对美国、日本、中国以及印度主要目标市场的广告和推广活动是由土耳其本国的广告代理商和公关公司实施的。土耳其榛子推广集团的宗旨是组织和实施各种广告及推广活动以促进土耳其和世界榛子消费。在土耳其，榛子占农产品出口额的20%，正常时期，榛子的产量在 60 万~70 万吨，有时由于无计划生产的因素导致 10 万~20 万吨榛子未被使用，造成了经济损失和社会问题，土耳其榛子推广集团通过开展各种榛子推广活动来弥补这种损失。

以中国市场为例，土耳其榛子推广集团在 2007 年于上海举办首届"土耳其榛子文化节"，获得多方重视，是在土耳其榛子已经扎根上海后的继续大力宣传推介，为随后土耳其榛子在中国其他城市中继续推广奠定良好的基础。同时，土耳其榛子推广集团还在各地举办培训会、展览展示会等活动。通过文化节的举办，可以进一步推动土耳其与中国在文化、贸易等领域的交流，同时更多的中国百姓也有机会品尝到来自土耳其的榛子。

土耳其车厘子进口项目是由国投中鲁果汁股份有限公司与土耳其高科那公司合作促成。首发庆典之后，土耳其车厘子将正式规模化进入中国市场。项目能以更快的速度将味道鲜美、价格实惠的车厘子从土耳其田间送到中国用户的餐桌。2016 年，土耳其车厘子就获准进口中国。但一方面在中土双方的输华车厘子议定书上有 16 天冷处理的附加条件，另一方面土耳其国内一些车厘子由于品种的关系并不适合长途运输，所以土耳其的车厘子并不为中国消费者所熟悉。2019 年，土耳其对中国的车厘子出口规模约为 410 万美元。2020 年 6月，中国和土耳其双方修改了输华车厘子议定书，变动之一就是将"16 天冷处理"改为"3 小时熏蒸"。由此，土耳其车厘子进入中国市场的时间与成本极大地减少了。

与此同时，在中国市场中，土耳其的橄榄油、金铜矿、天然碱等天然产品在 21 世纪以来是主要的推介对象。土耳其积极推介特色农产品的同时，与别国加强合作，共同提高其特色农产品的知名度与交易量[①]。

第二节　土耳其农产品国际竞争力分析

国际竞争力依据不同的评价标准具有不同的定义，目前学术界对国际竞争力的内涵尚无统一的界定。在国际贸易中，反映国际竞争力结果的实现指标包括显示性比较优势指数（Revealed Comparative Advantage Index，简称为 RCA 指数）、贸易竞争力指数（Trade Competitive Index，简称为 TC 指数）、贸易强度指数（Trade Intensity Index，简称为 TII 指数）和贸易互补性指数［Trade Complementarity Index，简称为 TCI 指数（与 TC 指数区分开来）］等。因此，这里主要用以上四种指标来考察土耳其农产品参与国际竞争的实际结果。本节选取 2000—2019 年土耳其农产品贸易数据作为研究对象，贸易额数据来源于联合国统计处建立的商品贸易数据库（UN Comtrade）。该数据库拥有联合国国际贸易标准分类（SITC）和海关编码（HS）两套分类方法，其中 SITC 分类编码体系更能便于系统细致地进行国际贸易商品分类研究，因而被广泛地应用在区域贸易研究上。基于数据获取和处理的连贯性和便利性，本节借鉴前人研究，依据《国际贸易标准分类》第三版将土耳其农产品进行分类（表 4－5）。

表 4－5　土耳其农产品贸易分类标准

主要大类	具体包括
0 类（食品及主要供食用的活动物）	00（活动物）、01（肉及肉制品）、02（奶产品和禽类）、03（鱼及鱼制品）、04（谷物及谷物制品）、05（蔬菜和水果）、06（糖、糖制品及蜂蜜）、07（咖啡、茶、可可粉及香料）、08（动物饲料）、09（混合及油质水果）

---

① 第 17 届乌鲁木齐对外经济贸易洽谈会专设"土耳其商务日"推介土耳其商品：http：//www.gov.cn/jrzg/2008－09/01/content_1084655.htm。

（续）

主要大类	具体包括
1 类（饮料及烟草）	11（饮料）、12（烟草及烟草制品）
2 类（燃料以外的非食用粗原料）	21（生皮及皮革）、22（含油种子及油质水果）、23（天然橡胶）、24（软木及木材）、25（纸浆及废纸）、26（纺织纤维）、29（未加工动植物原料）
4 类（动植物油脂及油脂）	41（动物油脂）、42（固态植物油脂）、43（加工后的动植物油脂类）

数据来源：作者整理。

一、贸易比较优势

由表 4-6 可以看出，土耳其在多数农产品上具有比较优势，主要包括奶产品和禽类（02 章），鱼及鱼制品（03 章），谷物及谷物制品（04 章），蔬菜和水果（05 章），糖、糖制品及蜂蜜（06 章），咖啡、茶、可可粉及香料（07章），混合及油质水果（09 章），烟草及烟草制品（12 章），纺织纤维（26章）。具体来说，奶产品和禽类（02 章）、鱼及鱼制品（03 章）在 2000 年并不具备比较优势，在随后十几年中，RCA 指数逐年升高，已发展成为具有较强比较优势的农产品；谷物及谷物制品（04 章）的 RCA 指数从 1.12 提高到1.81，国际比较优势实现由较强向很强的转变；蔬菜和水果（05 章）、烟草及烟草制品（12 章）、混合及油质水果（09 章）的 RCA 指数虽总体呈逐年下降趋势，但仍具备国际比较优势；糖、糖制品及蜂蜜（06 章）、纺织纤维（26章）的 RCA 指数虽然有所波动，总体来说依旧具有国际比较优势；咖啡、茶、可可粉及香料（07 章）的 RCA 指数相对比较稳定。

表 4-6 土耳其主要农产品出口的 RCA 指数

类型	编码	2000 年	2005 年	2010 年	2015 年	2016 年	2017 年	2018 年	2019 年
	00	0.03	0.04	0.04	0.15	0.12	0.16	0.26	0.33
	01	0.04	0.05	0.22	0.32	0.28	0.41	0.44	0.40
	02	0.10	0.17	0.47	0.61	0.75	0.81	0.85	0.70
0 类	03	0.24	0.34	0.35	0.48	0.54	0.59	0.64	0.61
	04	1.12	1.21	1.46	1.45	1.62	1.74	1.73	1.81
	05	3.54	3.80	3.57	2.89	2.53	2.65	2.73	2.69
	06	2.28	0.88	0.91	1.19	1.03	1.17	1.43	1.42

（续）

类型	编码	2000 年	2005 年	2010 年	2015 年	2016 年	2017 年	2018 年	2019 年
0 类	07	0.67	0.70	0.70	0.63	0.61	0.67	0.79	0.79
	08	0.07	0.06	0.06	0.13	0.17	0.25	0.30	0.48
	09	1.06	0.94	1.26	0.93	0.95	0.92	0.92	0.78
1 类	11	0.15	0.25	0.26	0.29	0.26	0.30	0.31	0.27
	12	3.10	2.32	2.07	2.03	2.25	2.29	2.28	2.08
2 类	21	0.53	0.31	0.06	0.02	0.02	0.05	0.03	0.13
	22	0.21	0.26	0.23	0.16	0.37	0.27	0.30	0.47
	23	0.13	0.03	0.08	0.10	0.11	0.11	0.13	0.12
	24	0.06	0.05	0.08	0.04	0.03	0.04	0.05	0.09
	25	0.01	0.01	0.03	0.05	0.05	0.05	0.06	0.11
	26	1.23	0.82	0.75	0.85	0.95	0.87	0.99	1.04
	29	0.48	0.36	0.36	0.35	0.38	0.38	0.43	0.44
4 类	41	0.15	0.01	0.30	0.26	0.38	0.17	0.49	0.23
	42	0.66	0.38	0.35	0.36	0.33	0.34	0.28	0.32
	43	1.16	0.83	1.24	0.27	0.20	0.13	0.10	0.11

数据来源：根据 UN Comtrade 数据库整理而得。

二、贸易竞争优势

由表 4-7 可知，土耳其出口的农产品中，肉及肉制品（01 章）、鱼及鱼制品（03 章）、蔬菜和水果（05 章）和糖、糖制品及蜂蜜（06 章）的 TC 指数值的计算结果均大于 0.5，在国际农产品贸易市场中，这几类农产品呈现出较大的竞争优势；混合及油质水果（09 章）的 TC 指数虽然大于 0，但数值较小，贸易竞争优势不明显；饮料（11 章）、烟草及烟草制品（12 章）的 TC 指数具有波动性，2019 年这两类农产品的指数值仅为 0.12 和 0.10。

表 4-7　土耳其主要农产品出口的 TC 指数

类型	编码	2000 年	2005 年	2010 年	2015 年	2016 年	2017 年	2018 年	2019 年
0 类	00	−0.88	−0.46	−0.96	−0.81	−0.91	−0.94	−0.94	−0.78
	01	0.77	0.96	−0.03	0.62	0.79	0.74	0.42	0.78
	02	−0.26	0.02	0.40	0.54	0.68	0.70	0.70	0.64
	03	0.40	0.56	0.43	0.47	0.63	0.58	0.67	0.67

（续）

类型	编码	2000 年	2005 年	2010 年	2015 年	2016 年	2017 年	2018 年	2019 年
0 类	04	0.00	0.60	0.21	0.19	0.35	0.21	0.15	−0.04
	05	0.81	0.88	0.80	0.76	0.72	0.70	0.74	0.66
	06	0.88	0.64	0.76	0.56	0.36	0.49	0.57	0.56
	07	0.06	0.06	−0.04	−0.08	−0.13	−0.20	−0.05	−0.09
	08	−0.90	−0.90	−0.92	−0.81	−0.82	−0.79	−0.71	−0.60
	09	0.19	0.09	0.26	0.12	0.16	0.07	0.11	0.12
1 类	11	0.44	0.72	0.42	0.17	0.20	0.18	0.34	0.12
	12	0.17	0.36	0.31	0.26	0.26	0.28	0.25	0.10
2 类	21	−0.79	−0.84	−0.95	−0.95	−0.96	−0.94	−0.97	−0.91
	22	−0.82	−0.83	−0.84	−0.85	−0.69	−0.77	−0.75	−0.66
	23	−0.89	−0.97	−0.93	−0.91	−0.90	−0.91	−0.90	−0.90
	24	−0.84	−0.87	−0.84	−0.93	−0.93	−0.90	−0.86	−0.52
	25	−0.99	−0.99	−0.95	−0.94	−0.94	−0.96	−0.94	−0.89
	26	−0.70	−0.76	−0.84	−0.75	−0.75	−0.80	−0.75	−0.73
	29	−0.21	−0.27	−0.34	−0.29	−0.26	−0.30	−0.19	−0.08
4 类	41	−0.94	−1.00	−0.82	−0.73	−0.60	−0.80	−0.61	−0.75
	42	−0.60	−0.27	−0.57	−0.35	−0.32	−0.19	−0.07	−0.09
	43	−0.10	0.01	0.00	−0.62	−0.68	−0.79	−0.81	−0.67

数据来源：根据 UN Comtrade 数据库整理而得。

三、贸易强度

由表 4-8 可知，土耳其对中国整体农产品贸易联系不强。除了个别农产品在某些年份的贸易强度指数大于 1，如肉及肉制品（01 章）在 2000 年和 2005 年的贸易强度指数分别为 15.27 和 19.06，其他多数农产品的贸易强度指数均小于 1，说明土耳其对中国的农产品出口水平普遍低于中国从世界市场的进口份额，贸易联系比较松散。可能的原因是中国的劳动密集型农产品和资源密集型农产品同样也具有较强的比较优势。

表 4-8 土耳其对中国农产品出口 TII 指数

类型	编码	2000 年	2005 年	2010 年	2015 年	2016 年	2017 年	2018 年	2019 年
0 类	00	—	—	—	—	—	—	—	—
	01	15.27	19.06	0.13	0.01	0.01	0.00	0.01	0.00
	02	0.00	0.17	—	0.00	0.00	0.00	0.00	0.01
	03	0.04	0.12	0.11	0.05	0.06	0.06	0.11	0.28
	04	—	0.08	0.14	0.14	0.22	0.16	0.07	0.10
	05	0.05	0.14	0.10	0.17	0.19	0.30	0.24	0.33
	06	0.34	0.12	0.08	0.16	0.17	0.17	0.08	0.10
	07	0.53	0.78	0.51	0.44	0.34	0.33	0.21	0.38
	08	—	—	—	0.00	—	—	0.01	0.00
	09	0.03	0.00	0.08	0.10	0.08	0.02	0.02	0.02
1 类	11	0.01	—	0.11	0.18	0.15	0.11	0.11	0.14
	12	0.42	—	0.00	0.01	0.00	0.01	0.00	0.03
2 类	21	0.12	0.13	0.24	0.11	0.01	—	—	—
	22	—	0.00	0.00	0.00	0.00	—	0.00	—
	23	—	0.11	0.03	0.02	0.02	0.01	0.03	0.05
	24	2.58	—	0.01	0.00	0.01	0.03	0.00	—
	25			0.70	0.01	—	0.03	0.01	—
	26	0.17	0.16	0.48	0.67	0.48	0.81	0.58	0.15
	29	0.10	0.38	0.03	0.12	0.08	0.20	0.27	0.28
4 类	41	—	—	—	—	—	—	—	—
	42	—	0.01	0.20	0.16	0.30	0.39	0.35	0.12
	43		0.00	0.00	0.04	0.01	—	—	0.06

数据来源：根据 UN Comtrade 数据库整理而得。
注：部分类别农产品贸易数据存在缺失。

四、贸易互补性

表 4-9 显示的是土耳其与中国在不同类别农产品上的贸易互补性大小。土耳其出口对中国进口存在较强互补性的农产品有蔬菜和水果（05 章）、烟草及烟草制品（12 章）、生皮及皮革（21 章）和纺织纤维（26 章）。并且混合及油质水果（09 章）的 TCI 指数逐年提高，且有进一步提升的空间。此外，含油种子及油质水果（22 章）和固态植物油脂（42 章）的 TCI 指数在 2005 年

均大于 1，此后都有所下降，说明这两种农产品有限的互补性未能得以有效发挥。

表 4-9 土耳其对中国农产品出口 TCI 指数

类型	编码	2000年	2005年	2010年	2015年	2016年	2017年	2018年	2019年
0类	00	—	0.11	0.11	0.03	0.02	—	0.01	0.01
	01	—	0.01	0.01	0.03	0.04	—	0.04	0.08
	02	—	0.04	0.06	0.08	0.09	—	0.14	0.25
	03	—	0.14	0.20	0.20	0.23	—	0.27	0.33
	04	—	0.34	0.13	0.49	0.37	—	0.40	0.39
	05	—	—	1.08	—	1.32	—	1.47	—
	06	—	0.96	0.39	0.82	0.43	—	0.43	0.50
	07	—	0.06	0.07	0.11	0.13	—	0.10	0.13
	08	—	0.09	0.05	0.04	0.02	—	0.01	0.01
	09	—	0.23	0.41	0.63	0.62	—	0.82	0.95
1类	11	—	0.02	0.04	0.09	0.13	—	0.12	0.11
	12	—	0.88	0.98	1.49	1.26	—	1.15	1.16
2类	21	—	2.93	3.90	2.98	3.14	—	2.29	1.62
	22	—	1.46	0.86	0.96	0.83	—	0.88	0.85
	23	—	0.15	0.10	0.11	0.18	—	0.18	0.17
	24	—	0.28	0.56	0.28	0.24	—	0.23	0.22
	25	—	0.00	0.02	0.02	0.01	—	0.02	0.02
	26	—	4.48	4.11	3.72	3.28	—	2.67	2.60
	29	—	0.15	0.23	0.26	0.22	—	0.17	0.16
4类	41	—	0.04	0.23	0.21	0.03	—	0.00	0.00
	42	—	2.04	0.62	0.95	0.55	—	0.81	0.63
	43	—	0.26	0.39	0.46	0.46	—	1.29	0.70

数据来源：根据 UN Comtrade 数据库整理而得。

注：部分类别农产品贸易数据存在缺失。

第五章 CHAPTER 5
土耳其农业政策 ▶▶▶

在中东地区，作为新兴经济体代表的土耳其发展十分迅速，农业发展成就引人注目。截至 2019 年，土耳其已发展成为中东地区最大农业生产国，成为继中国、美国、印度和巴西之后的全球第五大蔬菜和水果生产国、世界第七大农业国，农业产值占到全球农业总产值的 2.04%，农产品出口额占该国出口总额的 25%，蔬菜、粮食、棉花以及水果等基本实现了自给自足，在世界重要农业生产国中占据着重要的地位。土耳其的农产品大量出口，不仅为本国带来了巨额的外汇收入，同时也有力支撑了本国工业化以及经济的发展，成为了中东的"超级市场"。

土耳其所推行的一系列农业政策，也是其能保持农业稳定发展的重要因素之一。在最开始阶段，土耳其同其他中东国家一样，农业起点低、发展阻力大，存在工业化与农业现代化不协调发展的普遍性问题。但土耳其政府审时度势，充分考虑自身国情以及外部环境因素，适时调整本国的农业政策，为本国实现农业稳定发展提供了良好的制度环境。

第一节　土耳其农业政策历史沿革

纵观土耳其经济发展的历史脉络，大致可以划分为经济恢复时期、国家主义发展时期、自由主义发展时期、战后经济发展时期几大阶段。在不同发展阶段，土耳其的农业发展战略与资源分配倾向也有不同，这也使得土耳其农业部门需及时调整自身的政策，因此其农业政策在整体上呈现出阶段性的特征。

一、经济恢复时期的农业发展政策

1923 年，土耳其的农业基础遭受了较大破坏，耕地面积下降，粮食和其余经济作物产量大幅度锐减，进而导致进出口下降、严重通货膨胀与较大范围内的饥荒，国家经济发展陷入低迷。为了提振经济，土耳其政府急需制定相关政策来促使本国耕地面积以及农作物产量恢复到合适的水平。但受困于国内财政赤字以及国际筹款较难，政府只能通过减轻农民负担来缓慢积累农业基础。1925 年土耳其废除了"什一税"，为农民增加了至少 1/8 的额外收入，一定程度上减轻了农民的负担；1929 年政府收回关税主权后提高了 40％的关税率，以期保护本国农业市场，鼓励农业生产，降低国外低廉商品对本国农业市场的冲击；整顿旧帝国农业银行，建立农业信贷合作社体制，增加了农业帮扶资金与农业贷款额度；确立了土地私有制以及部分土地调整的办法，同时废除了宗教基金部来解决农民的缺地问题。此外，政府还开展了农业指导机构整顿、完善农业教育体制等工作。在此时期内政府对于生产者的豁免、保护和扶持成为了土耳其农业政策最显著的特征。

各项农业政策的推行也取得了不错的效果，到 30 年代初土耳其农业耕地增加了一倍多，年均农业生产总值增长率达到 11.4％，农业部门的恢复也随即带动了其他部门的经济恢复，人民生活与国家经济发展逐步走向正轨。

二、国家主义发展时期的农业发展政策

20 世纪 20 年代末的经济危机沉重打击了土耳其的经济发展，过去旧有的发展模式也难以继续维持。在此背景下，土耳其经济发展战略发生了较大的改变，国家资本主义模式逐渐成为土耳其主要的经济制度。

发展模式的变化给土耳其农业发展带来一定的负面影响，土耳其相关部门也审时度势，适时地调整了国内农业政策。在此时期内政府主要对农业的价格体制进行了改变。通过减免农业税收以及土地改革的方法来加强农民的生产积极性；在税收制度上，政府在 1934 年免除了种植甜菜农民的 10 年土地税；第二次世界大战后减少农民缴纳的牲畜税等；在土地分配问题上，主要通过分配

少量国有土地的措施来解决农民的缺地问题；在价格政策方面，土耳其成立了"农产品局"，其主要通过高于成本价收购谷物来补贴农民。

此外，该时期的农业发展政策较好满足了土耳其工业化的发展，保证了纺织厂、糖厂等对棉花、甜菜等作物需求。但在该时期内农业耕作手段与农业生产技术并未有多大改变，生产效率较为低下；许多政策并未发挥理想效果，使得农业政策促进农业发展的效果较弱。比如部分政策涉及征收农民私人土地问题，使得政府解决农民缺地问题的进程受阻；政府提出组织农业生产合作社的主张，但也并未真正落地。许多原因共同倒逼了土耳其政府对本国农业政策实施改革。

三、自由主义发展时期的农业发展政策

这一时期的政策制定者倡导尊重市场规律自由发展，反对政府介入进行经济干预，一直致力于对原有的经济制度进行改革。政府除了在经济发展战略中不断强调国家工业化之外，也十分重视农业部门的发展，推行了一系列的政策措施。为了激发农民的生产积极性，农产品局等相关部门不断提高农产品收购价，增加农民的利润；在土地问题上，政府主张以提高生产率为核心的"农业改革"，将137万公顷国有土地以及73.6万公顷公用草地分别拨给农民、难民、农业合作社使用；在基础设施上，政府建立了塞汉河大坝与土耳其公路网等基础设施，有力带动了当地农业发展、加强了城乡经济沟通以及商品贸易的增长；同时政府也降低了牲畜税，减免了农民的交通税。这一系列政策措施极大地扩大了土耳其农业生产规模，10年间土耳其耕地面积扩大约60％，农业总产量增长约86％。

在此时期内政府主要致力于以大投入谋求大产出，取得了明显的成效。但由于整个经营模式为消耗资源的粗放式经营，破坏了土耳其原有的生态平衡。外加土耳其对国际市场价格与国外投资十分依赖，使得整个国家经济发展的脆弱性加剧，相关政策也难以长时间维持下去。

四、战后经济发展时期的农业发展政策

土耳其进入战后经济发展时期，各届政府先后制定了五年计划来推动经济

发展，其中农业也是规划中的重要部分。政府在规划中要求农业提供原料与增加出口创汇，进而改善国际收支来减轻国内通胀，推动工业化发展。因此在各项五年计划中均规定了农业的发展目标、投资比例以及发展速度。虽然在规划期间内土耳其农业投资占比逐年下降，1980 年已下落至第五位，但国家资本积累与实力也在不断增强，使得农业投资额的绝对值保持上升趋势，国家农业信贷总额和价格补贴总量也有上升。

在最后的三五计划内，土耳其扩大了农业投资，总额达到 330 亿土耳其里拉；继续推行农村土地改革，鼓励农村合作社运动；政府开始对粮食生产以外的水果与蔬菜生产进行指导，面向国际市场进行出口；扩大基建投资用于修筑乡村道路以及水利灌溉工程的建设；此外政府也继续加快农业机械化、生物工程开发、引进良种与集约化经营的建设与发展。这一系列政策使得土耳其农业在 1960—1980 年农业生产率上升，农业总产量增加了约 60%。土耳其不仅重新成为小麦重要出口国，农产品外贸也得以迅速发展，成为了世界农业中的新生力量。

五、1980—2000 年土耳其农业发展政策

自 1980 年以后，土耳其农业政策主要是基于政府五年发展计划来制定与推广。在此时期内，价格支持、投入补贴政策是土耳其政府最主要的政策手段，实现了对土耳其农业部门的大力干预。其政策目的是为了保障土耳其粮食的自给自足和农村地区发展，稳定农民收入并保证居民能够负担得起正常食物开支，以及促进农产品出口等。

对于土耳其国内农业支持政策而言，主要为对农作物实行商品价格支持和可变投入补贴政策。在此时期内市场价格支持政策主要是通过国有企业（缩写 SEE，主要针对谷物和豆类、糖、烟草、茶）以及农业销售合作社（缩写 AS-CU，主要针对园艺作物、棉花、油料、坚果和橄榄油）的干预购买来实现的。在 ASCU 或 SEE 的授权下，20 世纪 80 年代中期土耳其对 3 种商品（榛子、烟草和茶）实行了种植面积限制的措施，1992 年获得价格支持政策惠及的农作物总数达到 25 种。农业政策整体变得较为复杂，外加部门执法效率低下，使得政策效果不佳。因此政府于 1994 年采取了更严格的控制和奖励措施，例如茶农需每年减少部分种植面积以提高茶叶的质量，并引入了"修剪费"来补

偿农民的损失。

此外，土耳其政府向农民与农业投入品行业提供了大量的补贴信贷，农民所得的利率往往比商业利率低 40%～60%；通过农业银行向农民使用的化肥以及农药进行支持与补贴；通过减少进口机械关税与其他减免税的形式来刺激农业资本投资与农业技术创新；农业与农村事务部也资助了土耳其农业发展工作如土壤改良等工作，有力提高了农民生产积极性与农业生产效率。

2000 年，土耳其政府推出了经济稳定与结构调整计划，并在计划框架内启动了许多新项目，以期通过实施新方法、新政策来进行农业结构调整，提高农民的生活水平，进而改变土耳其农业的发展态势。此外土耳其政府的相关改革也同国际货币基金组织（IMF）的项目指导意见同步进行，其主要改革途径是通过维护当今现有的、富有成效的农业支持系统来取代过去旧有的、极大增加财政预算负担的农业支持体系。在此背景下，"农民直接收入支持和注册项目"正式提出并在全国实施，其主要政策目标如下：

（1）在全国范围内为农民提供直接收入支持；

（2）逐步取消对国民经济造成负担同时并未惠及生产者的补贴；

（3）通过支持小型生产者来维护社会公平；

（4）维护以价格为导向的市场环境；

（5）定期更新农民的注册数据库，为进入欧盟以及制定清晰的农业政策与战略提供便利。

六、2000 年以来主要的农业发展政策

在 21 世纪初，土耳其仍致力于通过农业结构改革来推动国家经济结构的完善。土耳其政府不仅需提高农业部门的配置效率，还需通过改革来稳定财政，保持土耳其经济良好发展。2001 年，在世界银行、国际货币基金组织的支持下，土耳其推出了农业改革实施项目（ARIP），该项目旨在逐步取消对农业资源分配产生不利影响的投入补贴与措施，促进农业自由化。其中主要有四项措施与农业发展息息相关：①减少预算中的农业产出采购干预，增加政府农业财政援助；②逐步取消农业价格支持、农药与化肥补贴，改为根据每公顷土地进行补偿，并利用直接收入支持系统（DIS）来逐步取代旧有补贴政策；

③国家将不会直接参与农作物的生产、加工以及销售；④向农民提供改革一次性过渡补贴等，同时在 ARIP 下设立全国农民注册系统（NFRS）保证改革计划的顺利进行。

在此改革框架内，价格支持与投入补贴等支持价格政策逐渐被 DIS 计划所取代。这一措施使得农业补贴将不会与作物类型、农业生产量相关，而是根据农民土地持有量直接支付给从事农业活动的个人与法人。同时部分国有企业例如国有土耳其糖业公司、国有烟草公司等将被私有化，以前管理相关产品支持价格政策的机构也将重组。此后 ARIP 于 2005 年进行修订，新增了地籍工作、农村发展活动以及农业环境政策等组成部分，一定程度上推动了土耳其农业的发展。2009 年后，直接支持价格政策再一次成为土耳其农业部门的主要支持政策类型，其主要通过两套工具来支持农业发展，一是对特定作物产出的价格支持，二是对燃油、化肥等投入品进行支持补贴。据统计，农业支持费用约占到 GDP 的 0.5％ 以及政府预算的 2％，2003—2013 年农业支持在生产者总收入的所占比例从 29％ 降至 19％，土耳其对农业部门的支持接近经合组织的平均水平。此时期内的支持政策如表 5-1 所示。

表 5-1　2000 年以来土耳其主要农业支持政策

作物生产支持政策	畜牧业生产支持政策	降息信贷支持政策
直接收入支持	饲料食物支持	畜牧业组织与投资支持
柴油支持	水产品支持	小牛牲畜支持
化肥支持	Brucella S-19 疫苗支持	压力灌溉投资支持
土壤分析支持	Brucella Rev-1 疫苗支持	温室农业支持
有机农业支持	人工授精支持	有机农业支持
农业推广与咨询支持	人工种子设备支持	
乡村投资项目支持（VBPUP）	怀孕母牛支持	
认证树苗使用支持	牛幼崽支持	
认证种子使用与生产支持	人工挤奶与冷却箱购买支持	
油性种子生产支持	女王蜂支持	
谷类和豆类生产者支持	蜂箱支持	
种植烟草的替代产品支持	液态蜂蜜支持	
农业保险支持		

数据来源：土耳其粮食、农业和畜牧业部（MFAL），2013。

第二节　土耳其农业政策目标与组织机构

一、农业政策目标

土耳其农业政策目标主要包括了提高生产力、保证粮食安全以及粮食的稳定供应、提高国家自给自足、扩大农产品出口潜力、提供稳定可持续的农业收入、增强农产品的国际竞争力、推动农村发展，同时着力发展高技术的食品加工产业。此外，目前欧盟设立了很多的农业相关标准，土耳其农业政策也正努力向上述标准靠拢，以期逐步建立与欧盟的农业农村发展政策一致的制度建设能力。

二、农业政策组织机构

首先，土耳其的农业部门由众多机构进行管理。部长理事会有关部委、国家计划组织（SPO）和财政部统一协商后，有权制定具体农业政策的年度计划，其中实施与组织农业和农村发展计划的主要工作属于农业和农村事务部（MARA）。MARA 主要负责农业部门整体的运营与管理，并通过中央和地方机构为农村地区提供服务。其主要工作包括：制定农业、农村的畜牧业和水产养殖业的发展政策，为农业部门和农村地区发展提供必要的基础设施支持，协助农业合作社推行农民培训、调查以及其余服务等。而环境和林业部（MOEF）负责植树造林与防止水土流失事宜，同时负责监督国家水利局的重大灌溉投资等。此外土耳其财政部（UT）、对外贸易部（UFT）等也在农业政策制定中发挥着重要的作用。在执行具体任务时，对外贸易部负责同相关部委以及其余机构（包括私营或非政府机构，例如 MARA、市场监管局、土耳其商会、土耳其出口信贷银行等）进行协调沟通，也会对土耳其农业贸易政策进行定期审查和评估。财政部承保了土耳其共和国农业银行（Ziraat Bank）的收入损失，同时为土耳其农产品销售合作社和工会提供额外补贴。土耳其共和国农业银行是最大的商业银行，它不仅是作物与牲畜信贷的主要提供者，同时也在向农业销售合作社（ASC）以及农业信用合作社（ACC）引导资金方面发挥着中介作用。其中农业银行主要对接国有经济企业（SEE）、农业销售合作社以及大农户主，而农业信用合作社主要针对小农户主的信贷补贴。

土耳其银行也是农业政策组织机构中重要组成部分，土耳其共和国农业银行成立于 19 世纪 80 年代末，如今已是土耳其最具有影响的银行之一。土耳其共和国农业银行广布的营业网络也使得其具有垄断优势，在土耳其农业金融市场中发挥着决定性作用，其业务领域涵盖了零售、制造、商业、农业等各种类型的客户金融服务。就农业领域而言，其主要开展以贷款、保险为主的农业金融业务；同时还受托开展其他的政策性业务，主要包括为大型农业企业提供现金管理，代理支付政府对农民的自然灾害救助补偿，相关农业部门的财政资金收支账户管理，提供农业保险，订单农业的金融配套服务，定期向政府提交反映农业状况的专题报告等。

此外，许多国有企业也在此过程中发挥着重要作用。土耳其的许多国有企业有组织与管理特定市场的能力。因此，国有企业可代表各地根据政府的计划与年度指令开展商业活动，主要通过相关商品的购买、储存、支付补贴、向农民采购以及进出口农产品等来提供价格支持，进而影响市场价格的确定以及农业政策的制定与实施。

许多土耳其农业生产者组织也对农业政策制定产生影响。就土耳其的农业生产者组织而言，可将其分为三大类：农业生产者工会、农业商会以及农业合作社。农业生产者工会主要职责为代表农民与政府、其他利益相关者进行协调沟通，但其参与政策制定的程度较低；农业商会职责更广，不仅包括同政府与不同行业的负责人交流沟通，还会协助政府制定并实施具体的农业政策、发放农民登记证与销售农业投入品等；农业合作社主要为农民提供独立于政府的商业服务，由农业发展合作社、灌溉合作社、渔业合作社以及甜菜合作社等许多部分组成，主要从事与生产、销售相关的活动，同时也负责建设和管理土耳其灌溉设施。

第三节　土耳其农业政策

一、关税与非关税政策

在农产品贸易领域，土耳其加入了世界贸易组织（WTO），土耳其农产品贸易体制在 WTO 框架下开展，土耳其农业食品部门的贸易自由化遵循着《乌拉圭回合农业协定》（URAA）的条款所要求的关税削减承诺。1995 年，土耳其在 WTO《农业协定》的框架内开始逐步取消农产品方面的关税，在 URAA 的要求下，1995—2004 年期间，土耳其已经作出了每个产品 10％的最低削减和所有农产品 24％的平均削减，农产品的平均关税截至 2011 年为 58.9％。其中包括了部分动物产品、茶、大多数谷物、蔬菜、坚果、糖以及未加工的烟草等条目。目前土耳其根据不同的经贸合作伙伴制定了差异化的农产品关税标准，其中加工农产品所需的工业组建关税均与欧盟的共同关税税率一致。在市场准入的情况下，关税是维持土耳其农业生产的重要手段，土耳其对进口关税主要包括 5 种类型：①海关关税；②货物税；③民众住宅基金税；④特别消费税（SCT）；⑤增值税。其中土耳其农产品的关税主要由从价关税组成，而特定、混合或复合关税仅在有限范围内使用。2017 年土耳其粮食、农业和畜牧业部公开数据显示，土耳其进口从价关税平均税率约为 10％，部分产品进口存在关税高峰，例如肉类产品（227.5％），奶制品（170％），水果（61％～149％），加工果汁、水果汁和蔬菜（41％～138％）。土耳其也正在寻求农业谈判以及与其他国家、组织各项农业贸易协定的签署，以期逐步推动贸易自由化进程，尽量减少关税可能带来的负面影响。

在非关税壁垒方面，土耳其采取的主要措施有反倾销与反补贴、进出口检测检疫、进出口限制。其中，反倾销与反补贴的法律依据是 1989 年生效的《进口不公平竞争保护法》及相关法令和规定；2004 年生效的《进口保护措施法规》和《进口保护措施实施条例》是实施保障措施调查的法律依据；进出口检疫主要针对药品、化妆品、清洁剂、食品等进口产品，这些产品必须经卫生和健康检验才能批准进口，其法律依据为《农业检疫法》《动物卫生检验法》等法律法规；进出口限制主要针对鸦片、大麻以及各类违反《保护工业知识产权国际公约》的产品，同时禁止出口历史文化作品、烟草产品以及部分植物比如胡桃、桑树等。

二、贸易协定

除 URAA 外，土耳其同欧盟于 1996 年成立关税同盟，并和欧盟商议继续扩大基本农产品的优惠制度，以期帮助土耳其农业逐步适应欧盟标准。自 1998 年以来，土耳其对许多欧盟农产品给予了优惠的市场准入。对土耳其出口欧盟的农产品而言，除了所有农产品都免征收从价税以外，还获得了许多商品的特许权。比如番茄酱、禽肉、绵羊、橄榄油、某些蔬菜和水果等在关税配额或没有数量限制的情况下，将获得免税或者减税的农业贸易优惠措施，大约有70%的土耳其对欧盟的出口产品为免税产品。2015年，当地政府与欧盟领导人同意升级欧盟-土耳其的关税同盟，扩大关税减免范围，涵盖农业、服务业、政府采购等多个领域，有力提升了欧土双边农产品贸易往来与双边经贸关系质量。

此外，土耳其通过与许多国家签署的双边与多边的自由贸易协定拓展经贸合作范围。例如，与欧洲自由贸易联盟（EFTA）、埃及、以色列、摩洛哥、突尼斯、叙利亚等国确定了优惠贸易条件。此外，土耳其也是欧洲地中海伙伴关系（巴塞罗那进程）的一部分，该伙伴关系旨在建立该地区范围内的自由贸易区，这也促进了土耳其对外贸易的发展。

在土耳其自由贸易协定中，关于农产品的优惠制度适用于第1~24章，某些农产品范围25~97章，其农业优惠政策主要体现在以下几大方面：①在互利和均衡的基础上，减少或消除关税配额内农产品的有限数量或无限优惠的职责。②进化条款：考虑到农业的作用，在各自的经济体、农产品贸易发展、农产品的高灵敏度和各自农业政策的规则方面，各缔约方进一步提高对合作伙伴让步的可能性。③原产地规则：原产地规则协议也适用于农产品。

三、农业保险政策

2006年以前，政府主要对因恶劣天气条件或其他灾难性自然事件对农民收入造成巨大损失的事件进行理赔，然而在1957—2006年仅有0.5%农户的农田享受保险的保障，土耳其62家保险公司也只有9家提供了农业保险。2006年以后，由政府支持的农业保险计划体系顺利推行。该计划主要包括了依法建立农业保险库、规定政府对保费的支持与对保险公司的再保险支持等方面。其中，每年政府保费支持水平由土耳其内阁参照MARA的建议来确定。该保险计划不仅涵盖了农作物（包括温室作物）、水产养殖类的投保，还对其他额外风险如洪水、火灾、风暴、地震、山体滑坡等由于事故或者疾病造成的牲畜损失进行担保。在2010年，该保险计划共发布了366 410份保单，涵盖了66 200公顷土地以及188 437头动物，有力提高了农民的生产积极性。

如今，土耳其农业保险政策主要由土耳其农业银行来负责，其保障范围主要有以下四大方面：①农作物保险，防止因为霜冻、冰雹、火灾、地震、滑坡、洪水而造成的数量损失以及水果、蔬菜等质量的下降。②动物保险，防止因为动物疾病、强制性屠宰、盗窃、运输、恐怖主义活动等所造成的动物损失。③干旱保险，防止小麦、大麦、燕麦等作物因为干旱、热风等所造成的作物损失。④温室保险，防止由于风暴、龙卷风、火灾、地震、火山喷发、洪水、玻璃的安装与其构造对温室生产所造成的损失。

四、农业灌溉政策

农业是土耳其国民经济发展的主要核心，灌溉农业也是土耳其农业保持可持续发展的重要部分，因此土耳其也较早地推行了灌溉农业项目。为了达到可持续发展目的以及建立健全稳定的管理体系，政府部门与各大组织提供了大力的支持。政府将国家财政预算收入的28％用于水利事业的建设；各研究部门、大学为灌溉农业提供了有力的科技保障；农村合作社与灌溉协会为农民提供了优质的培训与管理服务；政府还推行了土地集体化政策，即通过向农民收购土地的方式，利用现代管理模式将分散的土地集中化使用，并将公路、田间道路的供水系统等有机结合起来，提高水资源利用率。近几年来世界银行也通过专项项目提供了贷款支持，用于土耳其灌溉区资产的维护管理工作，加快了灌溉工程建设的质量与速度，提高了经济效益。土耳其的棉花、玉米、甜菜等农产品作物的产量增加，经济效益显著，这也得益于土耳其农业灌溉政策的实施与推广。

五、农业环境政策

随着土耳其国内经济的发展，其农业环境问题日益突出，逐渐成为社会关注的焦点。良好的环境政策可以通过鼓励采用环境友好型的做法来减轻农业对自然环境资源过度使用的压力，保证农业可持续生产率的增长与农业良好生态系统的构建。自2000年以来，土耳其政府陆续推出了保护农业环境田间计划（CATAK）、防止水土流失行动计划等环境保护政策来保护土耳其自然环境。例如保护农业环境田间计划推行的目的在于控制侵蚀，增大对土壤和水质的保护以及保障自然资源可持续性，防止水土流失行动计划旨在绿化、土地恢复以及水土流失控制等方面，有力地推动了土耳其农业的可持续发展。

六、农业支持政策

土耳其农业支持政策包括价格支持政策、农业金融支持政策以及产出支付支持政策。短期价格支持是土耳其农业政策的重要组成部分，主要包括购买价格及短缺（溢价）支付两大部分。政府采购价格主要是以支持价格来采购商品维持库存，调节国内谷物价格。溢价支付旨在考虑成本、国内国际价格以及预算约束等方面，为国内供应短缺的商品提供一定补贴。自 2005 年以来橄榄油、棉花、谷物和茶的生产者均从短缺支付政策中获益。2010 年土耳其推行"依流域区分的支持计划"，主要基于全国 30 个农业流域的特点对短缺支付进行区分，以期按照地区的生态条件对农业流域的集中、专门化生产提供资金补贴。

如今土耳其农业金融支持政策主要由土耳其农业银行提供，银行提供的贷款包括：畜牧业和水产养殖贷款，主要为畜牧业、乳业领域的投资和生产生活筹集资金；植物生产贷款，主要针对田间农业、园艺、温室农业等；农业机器贷款，例如二手拖拉机和带有"农业贷款证书"的自走式农业机械、农业小型机械、滴灌系统等；其余有机农业贷款、运输工具贷款、营运资金贷款、投资贷款、购地贷款、建设仓库贷款等。

与此同时，土耳其还推出了产出支持政策来提高种植特定作物的农场收入。农民可以根据某些农作物（如玉米、棉花、小麦等）的产出水平在农业主管部门的项目中获得支持，该支持政策主要特征为农民获得的生产补贴取决于其最终的产量，有确定的上限。倘若农民的实际产量超过上限，那么他也将无法获得超出部分的价格支持，同时政府也对燃油、化肥等投入进行了支持补贴，部分补贴数额如表 5-2 所示。

表 5-2 土耳其投入与短缺支持政策单位值

项目	农作物	2007 年	2008 年	2009 年	2010 年	2011 年	2012 年	2013 年
燃油（土耳其里拉/公顷）	玉米	28.80	32.50	32.50	32.50	37.50	40.00	43.00
	棉花	54.00	60.00	55.00	55.00	60.00	64.00	70.00
肥料（土耳其里拉/公顷）	玉米	21.30	42.50	42.50	42.50	47.50	50.00	55.00
	棉花	30.00	60.00	55.00	55.00	60.00	63.00	70.00

（续）

项目	农作物	2007 年	2008 年	2009 年	2010 年	2011 年	2012 年	2013 年
土壤成分分析（土耳其里拉/公顷）	所有农作物保持一致	X	X	25.00	25.00	25.00	25.00	25.00
短缺支持（krs①/千克）	玉米	2.00	3.60	4.00	4.00	4.00	4.00	4.00
	棉花（认证种子）	34.80	32.40	42.00	42.00	42.00	46.00	50.00
	棉花（非认证种子）	29.00	27.00	35.00	35.00	35.00	X	X

注：X 表示本年无支持政策。

①krs 全称 kurus，库鲁，是在特殊时期采用的土耳其辅币。

第六章 CHAPTER 6
土耳其农业创新体系 ▶▶▶

第一节 土耳其农业创新主要方向

土耳其作为世界上重要的农业大国，其农业产业和农产品质量都具有全球竞争力。土耳其通过一系列的创新手段促进了农业产业发展。土耳其通过创新发展思路，提高了耕地利用率，提高了农业总产量和农产品生产质量，其农业产业竞争力居于世界前列，土耳其是世界上少数不依赖进口即可自给自足、并有多余的农产品可供出口外销的国家。土耳其农业产业创新主要分为制度、技术、市场和文化四个维度。

一、农业制度创新

（一）生产合作社制度

土耳其在农业生产组织形式方面形成了一系列的创新案例，其中农业生产合作社制度是影响程度最深、范围最广的一项。农业生产合作社制度在土耳其发展至今已经成为推动农业高效发展的重要力量。土耳其的农业生产合作社由来已久，发展至今大致经历了三个时期，第一阶段大致为19世纪90年代的土耳其帝国；第二阶段以1935年土耳其共和国颁布的第一部《合作社法》为起点；第三阶段则以1969年颁布的《合作社法》为开端持续至今，这一阶段的《合作社法》结合了1935年版本《合作社法》的成功经验和不足之处，为进一步巩固全国范围内生产合作社建设成果和规范生产合作社制度创新体系产生了制度效应（刘纪荣和程婧涵，2015）。土耳其生产合作社发展过程中法律法规建设的最初目的是为了维护以国家为主导的合作社发展，但自20世纪80年代以来，土耳其的生产合作社发展呈现出了一种新的理论，新的理论在实践过程中被不断运用和创新。随着市场化的持续深入，农业领域独立于国家的合作社数量不断增加，并在规模、类型、产业方向等方面呈现出了许多新的特征，农业领域的合作社逐步向垂直专业道路发展，这其中很大程度上得益于新《合作社法》所创造的良好发展环境和鼓励包容创新的氛围。

土耳其农业经济领域的合作社在新《合作社法》的规范下呈现出了两种差异明显的趋势，也就是近 50 年的发展过程中出现了两种支配型的趋势。一种趋势是专一化的生产合作社，即部分合作社集中力量专注于发展某一类产品，其中以蔬菜和水果的合作社专业化最为突出；另一种趋势则为乡村发展合作社（VDC），这一类合作社最突出的特征就是发展目标多元化，已经越来越多地存在于土耳其农业经济领域中，从传统的关注单一农产品销售转向对农业经济领域的全流程管控协调。乡村发展合作社是土耳其农业经济领域的重要组织形式创新。这种目标多元化的合作社在实践中被证实在促进农业增产和农民增收方面具有较突出的效果，特别是在一些规模较小的村庄效果尤为明显。乡村发展合作社不仅促进农产品产量的整体增加，而且促进了产业链的延长，传统的以基本作物种植和销售为主的经营模式转向种植、采摘、初加工、深加工、运输、销售等全产业链经营模式，进一步提升了农业产业附加值。

土耳其农业生产合作社作为其农业发展过程中组织形式的一大创新，对于激发农业生产积极性、创造性和农业经济市场活力具有显著效果。例如，生产合作社有效解决了农业经济活动中小农经济的资金局限性问题，同时通过有组织的管理运营，直接缩短了农民与市场之间的信息差距，提高了农业生产决策的准确性。农业生产合作社在促进农业增产和农民增收的同时也有效吸引了农村居民扎根农业生产，提高了农业生产过程中劳动力资源丰富度。土耳其的农业生产合作社发展至今，其市场化水平已经达到一定的深度，区别于一般的国家控制的合作社模式，完全的市场化直接提升了管理的自由化水平，可以市场需求为导向进行农业生产内容和规模的及时调整。也正是这种高度的自由化，才形成了土耳其农业合作社的特殊地位，以至于政府在项目资金、农业政策、农业基础建设等各个方面都要考虑合作社组织的意见。政府对农业合作社多以支持政策为主，其中以项目资金扶持为例，据土耳其粮食、农业和畜牧业部 2017 年公布的数据显示，土耳其政府对全国的 1 800 多个农业发展合作社提供了累计约 15.51 亿土耳其里拉（约合 3.4 亿元人民币）的优惠贷款，用于生产规模的扩张、生产技术的更新、生产基础设施建设和农业产业培育等农业经济领域，加快了农业的发展。农业发展合作社已经成为土耳其农业经济领域取得突出成就的重要因素，发挥着不可替代的作用。

（二）"三位一体"农业推广体系

土耳其为促进农业发展和效率提升，在全国范围内建立以农业技术研究、农业技术应用教学、农业技术推广三者为核心的"三位一体"农业推广体系。截至 2020 年 10 月底，土耳其官方公布的区域农业技术研究中心共 47 个，分布在全国主要农业产区。农业技术研究中心是集农业科研、生产基地和培训机构于一体的综合性机构，是土耳其农业现代化的主要载体之一和重要推动主体。研究中心承担着所属区域的粮食、水果、蔬菜、药材等农业生产领域的技术研究、试验示范、生产活动、技术培训、技术顾问、产品质量检验检疫等一系列的农业技术研发工作。农业技术研究中心在资金配置、人才培养、规则制定、成果转化等方面都形成了体系化的方案，相较于传统的分散性农业技术研发模式而言具有相当大的优势。

农业技术应用教学是指通过多种渠道开展线上、线下技术应用教学，以推动新技术由"实验田"转化为大规模应用。土耳其依托于遍布全国的农业技术研究中心，农业技术应用教学得到了全面示范推广，通过对农业技术的应用教学，农业生产者能够及时掌握最前沿的农业生产技术，形成了从育种、育苗、管理、收获、加工、运输、销售等全流程产业链条的技术应用教学体系，技术研发人员通过对技术应用教学人员进行系统培训，构建了以技术研发人员为核心、以教学人员为分支的农业技术应用教学网络，实现了技术研发与技术应用的无缝衔接，加速了技术的转化和技术更新，极大地提升了技术的更迭速度和技术本身的纠错能力，提升了技术的实用性。以遍布全国的技术研究中心为基础形成的技术应用教学网络，在农业技术的普及率和专业性方面都展现了较为突出的优势。

农业技术推广是指以农业技术应用教学为基础，通过应用教学形成示范试点，并进一步引导农业生产向规模化、机械化和现代化发展。土耳其的农业技术推广得益于技术研发和技术应用教学，农业技术的持续创新和农业技术应用教学的协同为农业技术推广奠定了基础，全国范围内的技术研究中心网络形成了技术推广的基础支撑，技术应用教学在农业生产区形成了大量的示范试点，为技术全面推广创造了良好的条件。土耳其农业技术推广坚持精干高效原则：第一，持续优化队伍结构，通过吸纳优秀的专业技术人才，持续壮大农业技术领域后备人才队伍，实现新老交替和技术经验的持续传承；第二，合理配置农业技术推广资源，土耳其坚持政府和市场协调发展，支持多元化发展，政府在基础建设、技术创新和资金扶持等领域发挥积极作用，市场充分发挥探索能力，因地制宜发展农业生产，形成了具有区域集聚性和产品集聚性的产业特色。

（三）农业综合服务创新

农业基础设施的建设、运营和维护，农业知识与创新系统的培育和构建，是土耳其农业发展过程中长期关注并予以多维度支持的重要领域，也是土耳其农业制度创新过程中重点关注的内容。土耳其的农业综合服务在 20 世纪 90 年代末以农产品营销与推广为核心，强调在产业价值链的末端环节发挥服务支持作用。1999—2001 年，土耳其农产品营销和推广方面的支出在农业综合服务总支出中的占比最高达到 87%，在这一时期，土耳其通过对农产品销售环节的大力扶持，在农业品牌效应、市场竞争力、国际营销等方面产生了积极影响。

2011 年前后，土耳其在确立了农业国际竞争力的基础上，进一步调整了农业综合服务领域的侧重点，对农业综合服务方面的支出占比明显降低，而对农业基础设施建设和运维投入占比快速提升，成为农业综合服务方面新的切入点，其中对农田水利基础设施建设、体系规划以及节水农业技术创新领域的投入占比最大，这也为土耳其发展可持续灌溉农业和节水农业奠定了基础。土耳其在农业基础设施建设和运维领域的投入在农业综合服务支持投入中的总占比从 1999—2001 年的 10% 快速增长至 2015—2017 年的 72%。

在近 20 年对农业综合服务领域的持续支持下，土耳其农业综合服务经历了重点关注产业链中后端的销售和推广向重点关注农业基础设施建设和运维的转变过程。土耳其农业综合服务支持理念的转变是以自身农业产业发展为基础，结合农业长远发展规划而做出的制度创新调整。尽管这种对农业整个产业的支持并不能对企业和农民等价值链维度的生产主体产生直接的影响，但通过对农业经济领域整体经营环境和发展局面的改善显著促进了其竞争力的提升，进一步促进了农业产业规模的扩张及农业产业的适应能力和可持续发展能力，对土耳其农业农村的发展产生了重要影响。

二、农业技术创新

（一）水利技术创新

土耳其长期高度重视水利技术创新，较早实行了灌溉农业项目，投入了大量的人力物力开展水利技术的创新。土耳其每年在水利建设方面的预算约占国家财政预算的 28%，超过 850 万公顷耕地满足了基本灌溉标准，其中约 470 万公顷耕地的灌溉设施较为完善，人均拥有的高标准灌溉农田约 667 平方米。目前土耳其水利技术创新主要是水利工程技术创新。水利工程技术创新是土耳其长期以来坚持的一项基本农业发展政策，土耳其最早于 1954 年成立了国家水利工程总局（DSI），其根本目的在于统管全国的防洪、发电、供水、灌溉等水利基础设施建设和水利项目管理，以保障全国的水利系统高效运转，并为农业发展提供保障支持。19 世纪 50—60 年代，土耳其国内的水利大坝从设计、施工及监测都是由外国公司来承接的，甚至部分大坝的运营管理和日常维护也都是委托外国公司来负责，在此期间土耳其建设了包括初期的土坝和碓石坝、70 年代混凝土拱坝在内的一大批水利工程项目。在较长时间的技术和经验积累中，土耳其逐步具备了独立建设的技术实力，并逐步进行水利技术的创新开发，形成了具备国际竞争力的水利建设实力，并开始对外承接水利工程项目。水利工程技术的创新为土耳其农业水利技术设施建设奠定了基础，从防洪抗汛、农田灌溉、农业用电等多个方面对土耳其农业产生了积极影响。

（二）旱作农业研究

长期以来，为解决水资源匮乏的发展难题，土耳其政府一直高度重视旱作农业的发展，其中旱作农业领域的技术创新则是土耳其建立农业强国的重要支撑。土耳其在旱作农业领域的技术创新主要侧重于优良抗旱农作物的选种育种、节水机械推广和节水灌溉技术研发三个方面。

1. 抗旱农作物的选种育种和推广

土耳其政府依托遍布全国的农业技术研究中心，开展了抗旱农作物选种、育种及组织培养等与其相关的一系列技术创新，长期的技术创新和经验积累为选育出适应各个地区自然环境的优良抗旱农作物品种奠定了基础，其中比较典型的抗旱经济作物和沙生农作物品种得到了大规模的推广，显著促进了抗旱农业的推广，提升了土耳其农业竞争力，同时也促进了沙漠治理。

2. 节水机械和科学施肥技术的研发推广

土耳其政府高度重视节水机械的引进和自研，通过进口和自研相结合促进了各种节水设备的大规模应用，包括滴灌设备、喷灌设备和可移动式管道输水灌溉设备等在内的先进节水灌溉机械设备。目前，土耳其已经形成了以地中海沿岸地区为核心的设施农业规模区域，例如安塔利亚就广泛采用了温室设备和灌溉农业设施，为黄瓜、番茄、香蕉、草莓等诸多果蔬品种的种植创造了良好条件。其中节水机械和科学施肥技术的创新为设施农业和规模农业的发展创造了基础。但土耳其农业生产存在规模小、零散种植和养殖的特征，这对于大型高效率的农业生产机械普及造成了一定的制约，也一定程度上限制了节水机械的大规模推广，这也是当前土耳其有待大力突破的技术创新难点。

3. 节水灌溉技术和节水科学施肥等旱作农业技术的研发

土耳其在旱作节水技术领域居于世界领先水平，国家通过对农作物生长状态进行精准监测，重视作物对水和肥的需求规律的研究，并重视对农作物的施肥与节水灌溉相结合的水肥一体化技术创新研究。土耳其通过节水机械和科学施肥技术的持续创新，极大地增强了旱作农业的生产效率和农作物的整体产量。土耳其的水肥一体化技术已经具有较强的国际竞争力，并开始进行节水创新技术的对外输出。此外，土耳其政府在加强节水技术的研发和推广基础上，高度关注对有效水资源的宏观调控和技术培训工作。例如，采用3S等先进技术对水资源、土壤水等进行实时监测，进一步提高了水资源的利用效率，提高了农业的整体竞争力。

土耳其旱作农业的技术创新有效促进了其粮食安全问题的解决，据中国驻土耳其共和国大使馆经济商务处报告数据显示，2019年度土耳其旱作谷类作物平均自给率为92.4%，其中主要旱作粮食作物小麦自给率100.5%，大麦94.7%。除香蕉79.1%自给外，大众化水果自给率均超过100%，其中旱作水果中柑橙、橘子、苹果自给率分别为172.1%、152.5%和142.5%，时令性较强的杏、无花果、葡萄、柚子、柠檬、石榴、樱桃和桃等自给率均很高并可供出口，也普遍以旱作生产供应为主。蔬菜类平均自给率为106.4%，除大蒜和洋葱自给率为99.0%和97.4%外，马铃薯、黄瓜、番茄等常用蔬菜自给率均超过 100％，也以旱作生产居多。此外，大众嗜好的茶叶自给率为 96.8％[①]。旱作农业产品的整体自给率要明显高于非旱作农业，同时旱作农业产品自给率在旱作农业创新技术推广前后出现明显增长，旱作农业技术创新显著提升了土耳其的农业生产技术水平和综合生产能力。

（三）有机农业技术创新

土耳其是世界上重要的有机农产品出口国之一，有机农业的出口规模在国际市场占据重要地位，有机农业的整体质量也居于世界前列。土耳其最早于 2004 年 12 月 3 日颁布并实施了《有机农业法》，这在法律制度层面奠定了土耳其有机农业出口安全和高质量有机农产品的基础。该法律对土耳其有机农业管理单位的组织、工作安排、标准执行等进行了详细的界定，也为土耳其有机农业技术创新提供了保障和支持。截至 2020 年年底，土耳其国内有超过 1 万个农场主从事有机农业生产，这些有机农场严格按照出口国标准进行生产认证，并进一步通过科技赋能提高有机农产品的过程监测和溯源。土耳其在国际有机农业市场树立了良好的形象。同时，土耳其国内科研机构在有机农业领域投入大量精力，其中主要用于有机农产品品种选育，有机农药和有机化肥的研发，以及符合有机农业标准的包装、储存、加工、运输等技术研发。一系列的技术创新为土耳其有机农业发展提供了强大的科技支撑，也将土耳其的气候条件多样性和物种多样性优势进一步突出。如今土耳其已经成为世界最重要的有机农业出口国之一，土耳其的有机农产品获得了欧美发达国家高端市场的青睐。同时，土耳其也在积极探索有机农业走出去的道路，有机农业生产经验和先进技术不断走向国际市场，开始由单一的有机农产品出口向有机农业技术出口转变。

三、农业市场创新

（一）农业市场多元化创新

土耳其是典型的农业出口国家，其农业出口在出口产品和出口对象方面进

---

① 数据来源：中华人民共和国驻土耳其共和国大使馆经济商务处官网报道"土发布上年度农作物自给率情况报告"，http：//tr. mofcom. gov. cn/article/jmxw/202003/20200302949585. shtml。

行大胆创新的改革，探索出口产品品类多元化和出口对象市场多元化。土耳其的市场多元化创新已经成为土耳其持续扩大农业出口、提升农业国际竞争力的重要平台。

土耳其农业市场多元化创新的一个方面是出口农产品品类的多元化，土耳其农产品出口广泛涉及小麦、蔬菜、水果、花卉等产品，据土耳其农业部门统计，每年有超过 1 530 种农产品销往世界各地，其中经济作物是最主要的出口产品。棉花和甜菜是土耳其最主要的经济作物，其他各类蔬菜和水果出口总量约 20 亿美元，使土耳其成为仅次于中国、美国、印度和巴西之后的全球第五大蔬菜和水果生产国；榛子、无核葡萄干和无花果的出口总量居世界第一；土耳其花卉也在国际市场占据重要地位，土耳其成为欧洲和西亚市场重要的花卉供给来源地。土耳其农产品出口品类的多元化极大地促进了土耳其农业出口竞争力的提升，促进了土耳其农业现代化和规模化发展。

土耳其农业市场多元化创新的另一个方面是出口对象的多元化，据土耳其出口部门统计，土耳其每年向全球至少 177 个国家和地区出口各类农产品，农产品出口额已经占该国出口总额的 25％，土耳其已经成为全球第七大农业国。土耳其农业出口目的地具有分布范围广、涉及国家和地区多的典型特点。土耳其农业出口涉及的国家和地区分布于世界各地，既有关注有机农业的欧美、日韩等高端市场，也有印度、巴西等中高端市场，同时也有非洲地区的贫困国家。同时，土耳其农产品出口目的地的农产品需求标准具有多元化特征，既有对质量和安全标准要求较高的中高端消费市场，也有对价格要求较高的刚性需求市场。土耳其农业出口市场的多元化有利于土耳其农业出口规模的稳定和出口市场安全，对国内农业产业的持续稳定发展具有良好的稳固和保障作用。

（二）农业市场标准创新

土耳其作为西亚地区乃至世界重要的农业出口国家，多种农产品出口占据着国际供应链的关键位置，其中土耳其制定的农产品国际标准发挥了重要作用。土耳其历来高度重视出口农产品的质量把控，从选种、种植、施肥、加工、运输等各个环节制定与国际接轨的市场标准，增强了出口农产品的国际竞争力。例如，在选种环节，土耳其制定了严格的良种选育标准，保障其种植的农产品品种符合国际市场标准，同时符合土耳其自然生态环境保护的相关规定，避免入侵物种事件发生；在种植和施肥环节，严格参照产品国际市场标准，并结合土耳其自身种植特点，选择科学的种植技术和有机化肥，保障农产品质量安全和提高农产品的品质，其中部分地区还根据主导产品的主要出口市场的规定制定了相应的产品种植标准，包括用肥、用药的相关数据标准，以及采摘时间和产品采摘期的规格尺寸等；在加工和运输环节，土耳其也形成了多层次、多体系、多维度的标准，加工环节根据不同产品的国际市场需求进行高品质的生态加工，保障产品质量，赢得了国际市场的一致认可，以至于部分国家的某些农产品市场指定土耳其供应相应的产品，而在运输环节更是形成了集包装要求、时间管理、运输介质等在内的详细标准参数，有效保障了土耳其农产品的运输安全和市场供应，土耳其也成为国际有名的优质农产品出口来源地。

土耳其的农业发展对国际市场具有较高的依赖性，因此在20世纪90年代末土耳其以农产品营销与推广为核心的市场服务阶段，高度重视与国际市场接轨，强调国际标准的制定和执行，促进土耳其在农业领域形成了较为完善且与国际标准相一致甚至略高于国际市场要求的标准体系。2011年后，土耳其在农业生产领域的基础建设和质量水平提升工作进一步促进了农业市场标准体系的贯彻执行，随着国际农产品市场竞争的加剧，土耳其将进一步加强农业市场标准的制定和完善。

（三）农业物资研发、生产和销售审批制度创新

农业物资供应直接影响了一个国家农业生产规模和生产水平，高效率的农业物资供应链是土耳其农业快速发展的重要原因。农业经济是土耳其国民经济的核心，农业生产总值占整个国民生产总值的20%左右。土耳其庞大的农业经济市场催生了较为完善的农业物资供应市场，其中良种选育、农药和化肥研发生产、农业机械研发制造等与农业物资研发、生产和销售相关的环节都制定了相应的审批制度，土耳其对这一方面的审批制度进行了大胆创新，强调审批材料和审批流程极简化。

以农药为例，目前土耳其正处于农药需求持续增长的阶段，市场潜力巨大，土耳其国内农药市场中跨国企业和国内企业各占约50%的份额，其中土耳其约有200家本国农药生产和制剂企业，全国有超过6 000家农药经销商，这些厂商和经销商都享受了从研发到销售全流程的便利化制度，而拜耳、先正达等国外知名农药供应企业则享受了生产和销售审批的极简化便利，极大地提

升了农药市场的技术更迭速度和创新能力，也为土耳其农药市场供应提供了保障。土耳其农业与农村事务部是唯一负责国内农药登记审批的机构，权责分明的管理模式提高了管理效率。土耳其实行农药登记制度，其中规定土耳其本国企业生产的原药不需要进行登记，可直接由土耳其国内客户购买，极大地提高了农药技术的升级速度和农药品类的市场更新频率，而制剂类农药则只需要进行产品登记，登记材料包括授权书，根据模板填写的制剂说明以及化验单，根据模板填写原药信息、自由销售证明、全分析报告（不需要药品销售许可证）、代理加工协议和活性成分分析方法（含量测定）等少数几个材料。登记也十分迅速，根据土耳其农业与农村事务部规定，只要登记的企业在当地持有一些登记，或设有复配工厂，则一般只需要 6 个月即可完成全部登记流程。

土耳其在农业物资的研发、生产和销售环节制定了较为完善的审批制度，形成了主管单位明确、权责明晰、高效率的审批体系，在规范管理农业物资市场的同时，促进了农业物资相关研发技术的快速更新换代，提高了农业物资的国内市场流通速度，同时也为相应农业物资的国产化创造了空间，带动了农业经济的全面发展。

第二节　土耳其农业创新主要特点

一、创新主体积极性充分调动

土耳其为激发农业经济领域的持续创新能力，采取了一系列措施调动创新主体的积极性，其中最为高效和典型的当属针对农业领域创新项目和创新主体的各类资金扶持和奖励计划。例如，土耳其农业与农村事务部战略发展司农业投资咨询处发布了《投资农村发展扶持计划（2021—2025）》，针对投资农业包装、机械设备和冷库的项目给予投资金额 50% 的补助，投资替代能源的项目给予法人机构股东补助 300 万土耳其里拉金额项目的 50%，给予投资的自然人股东补助 150 万土耳其里拉金额项目的 50%。土耳其政府引入了欧盟农村发展基金（IPARD）项目的支持，给予土耳其境内农业和农村发展支持组织在可再生能源投资项目的资金补助，补助标准为 500 000 欧元金额项目的 55%～65%。土耳其政府针对有机农业和温室农业的发展提供了贷款上限为

2 500万土耳其里拉的贴息农业贷款，贴息比例根据所投资的项目内容而确定，从10％到100％不等，具有明显的产业项目鼓励侧重点。同时，土耳其也采取了基于土地给予农业生产者提供直接性的政策支持。例如，按照2019年的标准，土耳其给每千平方米的耕地提供15土耳其里拉的柴油和4土耳其里拉的化肥资金支持，其中给予固体有机矿物肥料的资金支持为每千平方米10土耳其里拉；给予每千平方米400土耳其里拉覆盖物下生物防治资金支持，给予每千平方米120土耳其里拉的生物技术（非覆盖物下）防治资金支持。为了进一步促进有机农业的发展，土耳其针对有机农业和良好农业规范产品的持证主体分别按照每千平方米100土耳其里拉150土耳其里拉的标准进行奖励，同时对农业保险按照票据金额的50％予以资金支持，直接带动了有机农业的快速发展，提升了农业产品质量的提升。

土耳其也通过提供贴息农业贷款，为鼓励类农业生产项目提供资金扶持。贴息农业贷款主要是针对鼓励类产业项目提供投资贷款和商业贷款的折扣，并确定合理的贷款上限。目前土耳其针对管理温室农业，地热、可再生、废物能源利用，国内认证的种子、种苗、树苗的使用，有机农业和良好农业规范，小于等于40岁的年轻农民或创业者，女性农民或创业者等农业项目或农业相关人群提供了投资和商业贷款的折扣支持，折扣力度最高可达100％，所有项目和人群对象的贷款上限都达到了2 500万土耳其里拉（约合人民币2 000万元）（表6-1）。贴息农业贷款项目极大地缓解了土耳其农业发展的资金短缺问题，促进了土耳其农业现代化建设。

表6-1　贴息农业贷款

生产事项	折扣率（％）		贷款上限（土耳其里拉）
	投资贷款	商业贷款	
管理温室农业	50	50	
地热、可再生、废物能源利用	20	20	
国内认证的种子、种苗、树苗的使用	20	20	
有机农业和良好农业规范	—	10	25 000 000
年轻农民或创业者（≤40岁）	10	10	
女性农民或创业者	10	10	
可适用的最高折扣率	100	100	

数据来源：土耳其驻华使馆农业参赞办公室。

除了通过直接的资金补贴政策和贴息农业贷款调动创新主体的积极性，土耳其也通过税收优惠政策调动农业市场主体的技术优化和技术创新积极性，例如给予有组织的农业产业区和大规模的农业生产主体一些税收减免，同时在水电、天然气、通信费用等方面给予优惠，并且根据不同的情况给予基础设施建设的支持，以及实验室和技术研发空间的支持等。土耳其工业技术部激励促进与外资司针对流向农业部门的有关投资给予政策倾斜，包括一般激励机制、地区激励、战略投资激励和基于项目的激励机制等政策；推出关税、增值税、所得税预扣赋税支持，在土耳其境内所有地区，只要是符合指定的最低固定投资额以及其他公报规定的农业投资，在一般激励机制下都可以在上述税种中获得优惠支持；针对流向欠发达地区且用于温室大棚建设，灌溉、施肥和喷药系统建设，以及其他农业自动化建设的项目给予税收优惠支持。相关的政策有效降低了投资主体的投资成本，提高了投资收益，有利于调动土耳其农业经济领域的投资扩大，并引导资本流向土耳其农业部门倡导的产业领域和建设环节。

二、创新内容和形式全面丰富

土耳其农业创新以制度创新为基础，推动行业前沿技术、市场标准化、市场多元化、政策导向化等多方面的协同创新，在创新内容和创新形式上不断丰富，形成了多层次、宽领域、广覆盖的立体化创新体系。

在创新内容的扩充和丰富上，土耳其政府推动颁布了《合作社法》《有机农业法》《对外贸易法》《海关法》《进口加工机制》《配额及关税配额行政法》《进口不公平竞争保护法》《增值税法》《自由贸易区法》《出口促进关税措施》《出口机制法规》《出口加工体系法》等一系列法律法规体系。以外贸法律法规为例，土耳其基于WTO成员义务、欧洲关税同盟国协定、欧洲自由贸易国的自由贸易协定、普惠制原则和国家发展需要制定了相应的外贸制度体系，其中针对农牧渔产品（农产品、农业加工品、鱼类和水产品等）的进出口贸易制定了相应的外贸商品技术和标准法规，每年做一定修改。土耳其还形成了一系列包含农业投资、融资等在内的奖励扶持计划，鼓励农业经济主体积极创新，丰富创新内容，提高创新水平。在创新的形式上，土耳其针对政府、市场、企业和个人等多个层面的农业经济主体，制定了一系列不同类型、不同实施方式的政策，包括对创新活动的奖励扶持政策，也包括对阻碍土耳其农业创新发展行为的惩处措施，完善的制度保障和激励体系促进了土耳其农业发展质量和发展速度的全面提升，为建设农业强国提供了有力保障。

三、创新网络协同发展

在长期的农业经济建设过程中，土耳其基本形成了"政府＋市场"双轮驱动，从上至下层层深入，产品—产业—市场环环相扣，"引入＋输出"相结合的创新网络格局，形成了农业领域充满活力的多样化创新机制。土耳其政府致力于构建政府与市场之间、政府部门之间、系统之间、不同政策之间、不同主体之间的协同创新网络。

土耳其国内的农业政策具有内在的连贯性和一致性，不同的农业政策细则之间具有关联性和互补性，为政策的延续和有效执行提供了基础。而农业经济服务主体之间具有一定的相互监督和制约效果，在政策执行和主体权责明晰及办事效率方面具有一定的促进作用。同时，土耳其农业发展过程中，不同产业之间在企业、合作社、个人等农业市场主体的驱动下逐步形成了创新技术和成功经验的良性互动机制，有效降低了技术创新的成本，提高了技术突破的速度和效率。土耳其农业领域的创新网络经历了较长时间的持续建设和完善，已经在当前的国际竞争中显现出一定的优势。

第三节　土耳其农业创新主要成效

一、农业体系重构

土耳其农业经济领域的创新取得了良好的成效，农业经济产值在国民经济总产值中占据重要地位，农业经济成为其国民经济的核心。近年来土耳其农业农产品贸易规模持续增长，欧盟、美国、俄罗斯及日本成为其核心的贸易合作伙伴，其中农业领域的合作是土耳其对外合作的重要组成部分。而中国作为土耳其重要的贸易合作伙伴，双边农业合作内容和合作规模快速增长，2019年土耳其对中国的农产品出口总额增长达到 62.5％。土耳其农业经济的快速发展是农业创新的重要成果，是农业体系重构的成效之一。土耳其农业创新对于构建农业产业体系、完善农业生产体系和形成农业经营体系产生了广泛而深刻的影响。

　　土耳其农业创新直接助力农业产业体系的构建，其中构建立体化、现代化和国际化的农业产业体系是土耳其农业创新最为突出的成效。土耳其以国内独特的地理、气候条件和各类农产品的种养条件，通过农业政策创新和一系列的奖励扶持政策引导区域产业布局，并通过农业机械技术创新、良种选育技术创新、化肥和农药技术创新、过程管理技术创新、市场标准创新等一系列的创新措施，推动各区域农业发展，逐步形成了立体化的产业布局、现代化的产业发展思路和国际化的产业标准。土耳其持续的农业创新直接促进了农业产业体系的建设，推动土耳其向农业强国迈进。

　　土耳其农业创新促进了农业生产体系的完善，提升了农业生产的整体产量规模、综合产出水平和整体效率。土耳其农业创新最直接的表现就是农业产量增长、产品质量和产品丰富度提升。土耳其多种农产品产量跃居全球首位，其中粮食、蔬菜、水果、坚果、烟草和食用油是世界主要产地之一，土耳其高质量农产品在国际市场赢得了认可，有机农产品生产规模和产品质量更是跃居世界前列。土耳其农业创新促进了农业生产前期的种子选育和培养，中期的种植和管理，以及后期的收获、加工、包装、运输和销售等全流程的产业化和专业化发展，提高了农业生产流程的整体管理水平，同时促进了与农业生产直接和间接相关的产业系统化、规模化、科学化发展，进一步完善了农业生产体系。

　　土耳其农业创新加速了农业经营体系的形成，推动了农业领域的研究、生产、销售一体化经营体系建设。在20世纪90年代，土耳其农业发展高度关注末端的营销环节，显著提升了农业国际化水平，但尚未形成完整的农业经营体系。土耳其通过农业领域一系列政策创新引导资金、技术、人才等生产要素流向农业领域，促进了农业领域的科研创新和技术进步，产学研一体化的创新机制提升了科研成果向实际运用转化的效率。土耳其农业领域的创新贯穿产业全流程，农业产销环节的协同创新提升了农业产业化、规模化和现代化水平，增强了土耳其农业的整体生产规模和农业产业质量，对形成具有国际竞争力的农业经营体系具有显著的促进作用。土耳其基本形成了农业技术创新不断突破，农业生产规模持续扩张，农业产量稳定增长，农业生产配套产业逐步完善，产品销售渠道不断丰富的良好经营体系，农业产业发展质量快速提升。尽管土耳其的农业经营体系建设在制度、政策、技术、标准等一系列创新推动下有了阶段性成效，但距离美国、澳大利亚等农业大国的现代化经营体系仍有一定差距。

二、农业金融赋能助推产业升级

为推动现代化农业建设，土耳其政府出台了包含税收优惠、财政补贴、贴息贷款、各类创新奖励、项目投资奖励、项目配套资金、资质证书奖励、企业和个人贡献奖励等在内的一系列金融扶持政策，极大地带动了社会投资向农业经济领域流入，有效降低了农业创新和农业项目建设的投入成本，有效激发了农业生产主体的积极性。土耳其农业金融对产业发展的影响主要体现在融资方式和融资渠道的多样化助推农业产业体系建设发展。

融资方式和融资渠道的多样化是土耳其农业金融创新的一大突破，土耳其构建了以政府和银行为核心的融资主体结构，合作社、企业和个人可以在具体的项目建设、技术更新、机械采购和生产经营等农业生产全流程各个环节对标政策细则规定，申请相应的金融扶持政策，不同的环节、不同的项目、不同的主体在申请过程中都可以享受相应的金融政策，有效提高了融资的便捷度，降低了融资门槛、融资难度和融资时间成本。融资方式和融资渠道的多样化直接促进了土耳其农业产业的体系化建设，以有机农业为例，土耳其针对有机农业出台了专项金融政策，其中，温室大棚管理项目可以申请10%～100%不等的贴息贷款，使用有机化肥和有机农药可根据种植面积申请相应的补贴，申请通过并持有有机农业相关证书的企业和个人都可申请相应的贴息贷款，进行有机农业技术创新取得突破的可申请相应比例的项目资助。类似的有机农业金融政策不断更新丰富，极大地促进了土耳其有机农业的产业化发展。此外，土耳其也积极借助欧盟针对农业推出的相关金融政策，进一步丰富了国内农业的融资渠道和方式。

土耳其农业金融政策的创新丰富了农业经济领域的资金来源渠道，吸引了国内外大量的资本流向农业领域，调动了农业金融市场的活跃度。对于合作社、企业和个人等农业经济的核心参与者而言，完善的农业金融政策有助于降低农业经营成本，促进了农业生产技术的更新换代，有助于发挥市场主体的能动性，尤其是在构建产业生态和产业经营体系方面的创造能力。农业金融政策具有明显的政策导向性，对于有机农业、生态农业和现代化农业等高质量农业发展模式的创新发展采取鼓励性的金融政策，以金融赋能产业发展，助推产业升级。

三、农业科技创新优势突出

农业创新是土耳其近年来农业发展过程中的亮点之一。一方面，土耳其国内的农业生产科技含量不断提升，农业机械化水平、现代化水平和生态科技含量持续攀升，农业生产能力和产品质量达到了空前的发展高度，农业科技创新实力为土耳其高水平农业的发展奠定了基础；另一方面，土耳其在农业科技领域的技术积累已经形成了较大的发展优势，部分领域的技术实力已经处于世界领先地位，国际市场的技术出口订单源源不断，土耳其逐步由单一的农产品出口发展模式走向了农业技术出口的道路。

农业科技创新增强了土耳其农业综合生产能力，夯实了农业经济发展基础。土耳其农业主管部门和农业科技创新主体围绕生物育种、粮食丰产、品质提升、节水农业、数字农业、循环农业、有机农业、动植物疾病防治等领域开展科技攻关，在生物种业、绿色投入品、农业机械、农产品加工、农产品检测等诸多农业科技领域取得了一系列科技创新成果，增加了农业技术储备，显著提高了农业生产技术水平。土耳其农业技术创新促进了农业现代化发展，显著提升了农业国际竞争力，为二、三产业的发展提供了安全保障。

土耳其是地中海沿岸重要的农业技术输出国，长期的农业科技创新沉淀了大量的技术经验，直接促进了农业领域先进技术的对外输出，农业领域先进技术优势转化为出口优势，尤其是精细化农业、有机农业、节水农业、旱作农业等可持续性农业技术受到国际市场的广泛欢迎。土耳其充分发挥农业科技优势，通过技术输出开展广泛的农业国际合作，进一步扩大了土耳其农业的国际影响力和市场竞争力，农业技术的国际合作已经成为土耳其对外合作的重要内容及国家竞争力的重要组成部分。

第七章 CHAPTER 7
土耳其农民的农业信息系统 ▶▶▶

第一节　土耳其农业信息系统的构成要素

在大多数经济体中，农业产出的增长对农业发展是必不可少的，农业发展的本质就是加速农业产出和生产率的增长率，以便与现代化经济中其他部门的增长率保持一致。而要实现农业生产率的增长，一个必要条件就是技术的进步和制度的创新（速水佑次郎和弗农·拉坦，2000）。农业信息系统作为一种技术手段，能够将农业资源配置结合到生产和供给新投入品的部门中去。另一方面，农业技术具有公共品性质，不能通过市场交换，因此它的生产和供给需要公共机构的介入和保证。

现有研究土耳其农业信息系统的文献，将土耳其农业信息系统划分为农业研究子系统和农业推广子系统两个部分。

一、农业研究子系统

在土耳其，农业与农村事务部（MARA）是农业研究的主要提供者，它通过农业研究总局（GDAR）开展相关的农业活动。GDAR分别在三种类型的研究机构（中央研究机构、区域研究机构和学科研究机构）中开展农业研究活动，并负责协调不同研究机构之间的农业研究活动。成立于1987年的高级研究与开发委员会（HCRD）决定MARA的农业研究政策，并确定农业投资的目标领域。林业部和农村服务总局负责开展有关林业、土壤和水的研究。土耳其科学技术研究组织对某些特定研究领域的农业研究项目进行资助（Ozkan，1994）。各大学的农业、兽医科学、渔业和林业学机构以及一些私营公司、农民组织、非政府组织也都会开展相应的农业研究，但是在农业信息系统中的作用非常有限（Ozcatalbas et al.，2004）。

在土耳其，以 MARA 为首的公共部门仍是农业研究子系统的主导力量，这是由农业信息的性质决定的。首先，农业研究子系统生产的农业信息作为一种公共产品，具备公共产品独有的非竞用性与非排他性的特征（约瑟夫·斯蒂格利茨，2009）。非竞用性意味着所有人都可以平等获得农业信息产品，非排他性则意味着农业信息产品的私人生产者不可能通过市场定价来占有直接产生该产品的全部利益。此外，农业研究具有随机性和不确定性，以致想通过市场调节来使资源配置实现最优化的目标往往很难实现。因此，如果让私人厂商来供给这类产品，就不能指望获得这种产品的社会最优供给水平，而建立非营利机构以促进农业基础研究就成为促进农业增长的必由之路（速水佑次郎和弗农·拉坦，2000）。

土耳其农业研究子系统的主要内容包括作物生产技术、良好的农业实践、有机农业以及畜牧业研究等内容，这些研究均基于实验站或基于农民访谈的条件下进行。农业信息研究人员使用的最重要的农业信息来源是隶属于 MARA 的各类研究机构和大学。

二、农业推广子系统

农业推广子系统的任务主要是：一方面向农民传达农业研究成果和有关农业技术最新发展的信息，另一方面，将农民关于生产受限的相关农业信息再反馈给研究机构（Ozkan，1994）。土耳其的农业推广项目由 MARA 负责，并通过省、县政府和村级农业中心在全国范围内自上而下展开。MARA 的省理事会由不同部门组成，其中，农民培训和推广部门负责全省农业推广活动的策划、实施、监测以及评估。在县级层面，每个县都设有 1 名县级农业推广专家。4~6 个县组成的县级小组，则由省级农民教育和推广小组为其提供服务。县级理事会不仅负责农业推广服务，还负责支持农作物生产等农业活动。村级农业理事会隶属于县级农业理事会，其负责目标区域内的农业推广项目。以前这些部门的农业推广人员多是专门的农业技术人员，近年来不少从农业大学毕业的人也被聘用为农业推广专家。MARA 在定期组织的会议期间，将农业最新研究成果和信息通过短信服务提供给推广人员。此外，推广人员还可以通过以电视、广播和印刷出版物为代表的大众媒体，向农民传播农业信息（Ozcatalbas et al.，2004）。农业推广子系统在传播农业信息方面发挥着重要作用，可以提高土耳其农业信息用户，尤其是土耳其农民的农业信息可获得性、农业信息量以及农业信息传播速度。如果农民能够有效接收这些农业信息并高效转化，他们将能够做出更好的农业生产经营和管理决策。

第二节　土耳其农业信息系统的应用领域

土耳其农业信息系统的应用领域较为广泛，在划分农业生产区域、改善农业统计质量、预测农作物产量、管理种子资源以及保护农业生态环境方面做出了重要贡献。

一、划分农业生产区域

利用农业信息系统进行农业生产区域划分是指使用卫星图像定义和映射所需的产品，根据各地区不同的农业自然资源条件、社会经济条件以及农业生产特征，按照区别差异性、归纳共同性的办法，把全国或一个省、一个地区、一个县划分成若干在生产结构上各具特点的农业区，不同的农业区有不同的发展方向和增产途径。它是科学指导农业生产和建设的战略手段，是实行合理布局、实现农业现代化的一项基础工作。

近年来，土耳其利用卫星勘探和航拍照片，通过精准识别和数值模拟计算，对农作物进行分类定义和绘制，并将数据输入地理信息系统数据库进行统一管理。目前，这项技术已经运用至吉雷松（Giresun）、萨姆松（Samsun）、特拉布宗（Trabzon）、迪兹杰（Düzce）、萨卡里亚（Sakarya）、宗古尔达克（Zonguldak）榛子田，马尼萨（Manisa）、格尔马尔马拉（Gölmarmara）橄榄树以及里泽（Rize）、阿尔特温（Artvin）、特拉布宗、吉雷松茶田的区域划分上[①]。

农业信息系统在产品区域划分上的应用，一方面有利于消除土耳其农业统计缺陷，另一方面也有利于土耳其农业数字管理水平的不断提升。土耳其拟制定时间计划表，期望在规定时间内将其运用至国内所有种植产品的区域划分上。

---

① 土耳其林业部和农业与农村事务部：https：//www.tarimorman.gov.tr/Konular/Cografi - Bilgi - Sistemleri/Faaliyetler。

二、改善农业统计质量

除了政府部门和科研工作者外，农业信息统计应该格外关注农产品生产者和农产品市场经营者，因为他们更容易受到农产品价格波动和农业市场信息不对称的影响。为了准确把握国内外农产品市场变化，采取有针对性的调控措施，确保主要农产品有效供给和市场稳定以及保持价格合理水平，这就对农业统计质量提出了更高要求。为了提高统计数据质量、统计调查能力以及政府统计公信力，土耳其政府制定了由食品、农业和畜牧业部（MFAL）以及地理信息系统部负责的基于农业信息系统的农业统计计划。该项计划通过使用最新技术，对包含农产品产量、价格、销售率和进出口，农业机械类型、数量和进出口以及肥料施用量等在内的农业数据进行开发和统计，创建功能更强大、快速、可靠和有效的农业统计数据库基础架构。2015 年 12 月 14 日，土耳其与欧盟正式开始了时隔两年的首场入盟谈判。按照欧盟的要求，成员国在正式加入前必须完成 35 个章节的谈判，涉及政治、经济、社会等方面。在农业统计方面，欧盟设立了一些具体的统计标准，比如要求成员国在土地利用和遥感中使用卫星方法。目前，土耳其政府计划加快建立符合欧盟法律要求的农业统计制度，形成与欧盟兼容的农业结构统计制度。

在具体的农业统计实践方面，土耳其开展了农场会计数据网络系统的实验工作，它是一个收集农户详细财务信息的系统，包括确定和监控农户年收入和衡量农户生产绩效等。此外，农场会计数据网络系统还可进一步用于评估"欧盟共同农业政策"的效果，即测量所应用的农业政策对农业部门的影响，并支持经营者就其活动做出更准确的决定。2007 年，土耳其在阿达纳（Adana）、科尼亚（Konya）、伊兹密尔（Izmir）、泰基尔达（Tekirda）、布尔萨（Bursa）、吉雷松、埃尔祖鲁姆（Erzurum）、桑尼乌尔法（Sanliurfa）以及内夫谢希尔（Nevsehir）这 9 个试点省份建立了农场会计数据网络系统，确定了各省的数据收集者并完成了培训，建立了数据控制系统并为农民创建了反馈报告。到 2015 年，该系统已经全面覆盖全国 81 个省份[①]。

---

① 土耳其林业部和农业与农村事务部：https://www.tarimorman.gov.tr/Konular/Cografi - Bilgi - Sistemleri/Faaliyetler。

目前，土耳其致力于农业信息系统集成技术。借助集成模块，土耳其各省的农业数据将在地图上变得栩栩如生，用户可以直观地查看农业经济账户和基于产品的省份比较，公共机构和私营企业都将能够从基于农业信息系统的数据整合中受益。此外，土耳其还建立了农业生产注册系统，该系统建立的初衷是为了获得土耳其所有从事农业活动的农业企业的最新框架，并建立基于国家水平的农业企业注册系统。通过记录农业企业的土地资产、动物资产、机械设备以及农作物生产信息等，旨在对农业企业层面进行数据分析，从而更容易实施农业"靶向"政策。

三、预测农作物产量

基于农业信息系统的产量预测旨在寻找农业生产条件与农作物产量之间的关系。土耳其基于农业信息系统，将海拔、坡度、土壤结构、土壤肥力、土壤深度以及灌溉状况等各种影响农业生产的影响因子输入到农业信息系统中并对农用地块进行了数字化处理，最后根据输出的地块等级图来计算地块的土地利用效率。从农业经营主体、农业市场以及农产品供给端三个方面来看，农业信息系统的农业产量预测对土耳其来说至关重要。

（1）出于理性预期，农户下一年的种植面积一般取决于上一年的收入，而收入又受到农业供需的影响。当上一年产量增加时，由于供大于求，农户收入会降低，下一年农户会相应降低农作物的种植面积，这会导致下一年农作物产量的降低，由于供小于求，下一年农户的收入会增加，于是就形成了"产量增加—收入降低—种植面积减少—产量降低—收入增加"的蛛网循环。农业信息系统的作用就在于利用大数据观察作物的生长，并监控作物的施肥、浇水，在这一过程中随时根据具体情况及时调整，从而能以最小的成本获取最大的收益。

（2）农作物容易受干旱、洪涝、台风、厄尔尼诺等极端天气因素影响，因此农产品期货盘面会呈现出季节性波动特征，作物在生长季容易受到天气影响，盘面易涨难跌，确定丰收后行情则大概率会出现下跌，天气炒作往往会对市场形成阶段性的推动作用。土耳其衍生品交易所（TDE）的农产品期货交易品种主要包括棉花、小麦以及活牛等（王燕青和武拉平，2017），将卫星遥感数据和气象数据结合的农业信息系统，可以精准测算出农作物的损失程度，从而进行产量的反演推算，最大程度降低极端天气对农产品期货市场的不利影响。

（3）农业信息系统对于农业产量的预测，一方面对保障土耳其国内农产品消费、合理评估余粮出口具有重要意义；另一方面，由于其特殊的地理位置，土耳其是欧洲和中东之间的连接通道，每年有大量的难民前往土耳其试图投奔物质生活更优越的欧洲，然而大多数难民最后都滞留在了土耳其。因此，农业信息系统对农作物产量的预测，对评估能否承担国内数以百万计难民的吃饭问题具有一定意义。

四、管理种子资源

2009年，土耳其在首都安卡拉建造了世界第三大种子基因库，是仅次于美国和中国的种子基因库[①]。据土耳其阿纳多卢通讯社报道，其能储存 25 万种包括植物和菌类在内的基因。这一基因库不仅能加强对土耳其当地农业物种资源的保护，减少工业化和城镇化对农业物种多样性的破坏，根据国际条约保存来自其他国家的植物基因用于科学实验，还能助力土耳其开发国内农业生产潜力。

五、保护农业生态环境

为了避免人类遭受气候变暖的威胁，《京都议定书》于 2005 年正式生效，这是《联合国气候变化框架公约》关于减少和限制温室气体排放的具有法律约束力的文件，条约对签署国的温室气体排放量做出了明确的减排要求。土耳其于 2009 年正式加入《京都议定书》，作为签署国，土耳其成立了 LULUCF（土地利用、土地利用变化和林业）工作小组。LULUCF 旨在确定农业生产随时间变化对土地、土地利用以及对温室气体排放的影响。土耳其按照气候变化委员会（IPCC）指南的规定，将土地利用数据与以省为基础绘制的气候-土壤图相重叠，并以省为基础获得空间数据，通过使用这些数据来计算农业土地用途和农业土地的碳库变化。

---

① 环球网：https：//world. huanqiu. com/article/9CaKrnJmesJ。

第三节 土耳其农业信息系统的不足之处

迄今为止，土耳其农业信息系统为本国农业生产和经济发展做出了重要贡献，但农业研究子系统和农业推广子系统以及农业信息用户方面仍然存在一些不足。

一、农业研究子系统的不足之处

（一）农业研究体系较为分散

土耳其的农场数量很多，但规模小且分布过于分散（Ozcatalbas et al.，2004），由此导致的一个直接后果就是土耳其农业研究较难取得规模经济效应。速水佑次郎和弗农·拉坦（2000）根据前人的研究发现，在拥有较多的科学家和较高人员培训水平的试验站里，每一美元带来研究费用的边际报酬普遍要高一些。他们认为，相较于大规模的农业试验站，小规模的农业试验站通常农业资金比较少，以至于通常不能建立相应的农业图书馆、开展农业学术交流以及提供有效的农业后勤服务。当然，一个分散的农业研究体系也可以取得和大规模农业研究体系同等的规模经济效应，前提是必须要有足够的人力和财力保障。

（二）农业信息需求甄别能力略弱

农业研究子系统中的重要一环就是农业信息的采集工作。土耳其农业信息服务人员通常采用调查问卷方式采集农业信息。Demiryurek（2010）采用结构化访谈法，调查了土耳其阿达纳（Adana）有机和传统榛子生产者的农业信息来源，结果发现有机榛子生产者比传统榛子生产者受益于更多的农业信息来源。Ates 等（2017）采用半结构化访谈，对土耳其安塔利亚（Antalya）、布尔杜尔（Burdur）和伊斯帕塔（Ispata）的受访者进行了关于农业政策相关问题的采访，结果发现，绝大多数受访者认为现行农业政策不利于小农户，反而有利于大规模经营的农户。

然而，由于统计过程中存在一定的误差，通过问卷调查或者结构访谈得来的农业信息需求并不能视作农民信息需求的完整表达。所以用调查方式取得的农民信息需求资料，需要经过进一步的加工、提炼和补充才能使用，对农业信息用户的信息需求调查可以作为信息生产的参考依据，却不能拘泥于农户表达的信息需求。农业需求信息不但受到农民自身对信息需求的认识、表达能力的影响，而且调查问卷的设计，及调查时间、方式的选择也会影响农业信息需求调查的结果（图 7 - 1）。

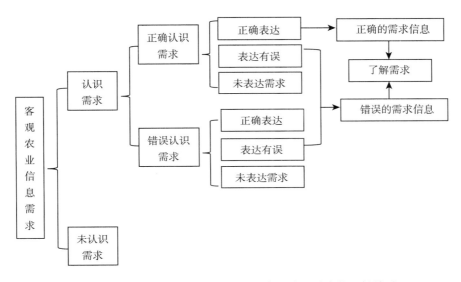

图 7 - 1　农业客观信息需求、认识需求、表达需求的逻辑关系

二、农业推广子系统的不足之处

（一）农户对传统农业信息传播载体的依赖性强

为了在竞争激烈的市场中生存并获得稳定的收入，农户得根据需要确定信息来源。从农业信息类型来看，农户需要确定的农业信息类型包括农业实践和经济主题两大类。其中，农业实践信息一般包括土壤操作、种子选择和播种技术、肥料选择和施肥技术、病虫害防治、灌溉、收割以及储存这六类，经济主题一般包括投入品价格和农产品营销这两类。信息来源准确性对农户来说是至关重要的，因为只有那些愿意采用最新技术和创新的农民，才能够增加他们的利润，而那些拒绝改变或不愿意采纳的人，在市场上生存的机会较小。土耳其较早关于农民使用信息来源的研究之一是 Ozcatalbas 和 Gurgen（1992）的研究。他们发现土耳其玉米种植者的信息来源中，农民的个人经验和其他农民是最重要的技术信息来源，而投入品提供者和农作物购买者是最重要的经济信息来源。Akbay 和 Yurdakul（1993）发现，农药供应商是害虫管理信息的最重

要来源。Boz（2002）对卡赫拉曼马拉什（Kahramanmaras）玉米生产商的研究发现，邻里农场主和农民家庭成员是土壤操作、播种技术、病虫害管理、灌溉、施肥环节的最重要信息来源。

为了对农民的信息来源进行更具体的概括，Yalcin 和 Boz（2007）对土耳其安塔利亚（Antalya）的温室蔬菜种植户进行了研究。他们将农民的信息来源分为两个部分，即从现代来源获得的信息和从传统来源获得的信息。现代来源包括公共推广服务、农业部门、农民工会和协会、投入经销商、大众媒体和互联网，传统来源包括农民的个人经历、家庭成员和邻居农民的信息。结果表明，在资本密集型生产设施条件下，温室蔬菜种植者从现代资源中获取更多信息。与他们的研究结果类似，Akca 等（2008）发现，在托卡特（Tokat）经营的农民在决定使用种子、肥料和杀虫剂时，更加重视自己的个人经验。

以个人经验为代表的人的内向传播和以邻里关系为代表的人际传播，尽管具有不需要特定的传播媒介、信息接收成本低的优点，但是这类传统农业信息传播载体的缺点也是显而易见的，它们所能传播的农业信息数量和质量受到传播者能力限制。在受众数量大、居住分散且需要大量的传播者时，这样会耗费大量的传播时间，致使传播效率低下，农业信息通报不及时。

（二）农民组织的推广力度不够

根据农业推广理论，规模化经营农户经营条件较好、个人素质高，具有较强的经营能力。同时，规模化经营农户商业化程度高，具有更强烈的技术需求，而且他们还具备采用小比例耕地试用新技术的资源优势，更容易成为新技术的创新先驱者和早期采用者。关于大规模农户的这一特点，学术界几乎没有争议，国内外经验研究也支持这一观点（林毅夫，2004；Asrat et al.，2009）。而农民合作社作为农业规模经营的一种重要载体，在促进农业规模经营的同时也能实现对农业信息资源传播的合理配置。尽管学者在这方面的研究得出的结论不尽相同，但大体上都支持农民组织对农业信息传播具有积极作用。例如王士海和李先德（2017）以山东省抽样农户为研究对象，采用二元选择模型和计数模型对农地经营规模与农户有意识技术传播行为的关系进行了实证研究。研究结果表明，尽管农民合作社对农民群体内技术传播有负向影响，但这并不否认农民合作社在农业技术推广中的重要作用。这是因为，技术的早期采用者的无意识技术传播和农户之间的学习或者模仿可能是现实中农业信息传播，尤其是农业技术扩散的主要渠道。

以农民合作社为代表的农民组织，其在农业信息传播方面的优点是传播效率高、传播力度大，有组织机构的控制和监督，使用一定的载体可以对传播内容反复阅读理解，便于受传者对农业信息的消化吸收。当农民改变他们的生产系统或成为农民组织成员时，他们可能会倾向于改变其信息来源。Demiryurek（2000）的研究发现，土耳其黑海地区的榛子企业将传统生产方式转换为有机生产方式之后，他们的农业信息源也随之发生改变。与传统的榛子生产商相比，他们也更频繁、更积极地使用信息源。Demiryurek 等（2008）比较了土耳其奶牛养殖者作为奶牛协会成员和非会员情况，发现成员与大学研究人员、协会专家和药品供应商有更多的接触，他们还可以获得更多的农业手册、个人电脑和互联网资源。

三、农业信息用户的不足之处

（一）农业信息用户素质不高

毫无疑问，农户的社会经济特征是影响他们对农业信息源决策的重要因素。Boz 和 Ozcatalbas（2010）在土耳其加济安泰普（Gaziantep）进行了一项调查，考察了农民社会经济特征和农业信息寻求行为在多大程度上影响了农民选择农业信息来源的决策。其中，他们选取的农民社会经济变量包括农民年龄、农民受教育的正规年限、农场规模、农民收入水平以及是否是农民合作社成员，搜寻信息的行为变量包括无线电的使用、电视的使用、阅读印刷品、互联网的使用以及与农业推广服务的联系频率。结果表明，受教育年限更长、更多接触推广服务、更多阅读印刷材料和更多使用互联网的农民，相较于亲身经历、家庭成员和邻居的个人经验为代表的传统农业信息源，他们更倾向于使用不同农业实践和经济主题下的现代农业信息源，比如土壤经营中的推广服务、种子供应商、肥料供应商、灌溉协会、产品采购员以及购买者。

由此可见，不同文化水平的农民对农业信息的敏感程度往往不同，同样的农业信息对于具有较高文化水平的农民可能很快掌握，在此基础上可能还会利用一定的信息通道自觉地获取进一步的消息；而低水平文化程度的农民可能理解起来就会很困难，对农业信息的使用效果不够显著。

事实上，土耳其非常注重教育投入。2012 年 3 月，土耳其议会再次对义务教育制度进行改革，规定义务教育由原来的 8 年延长至 12 年，并改为小学 4 年、初中 4 年和职业专科学校 4 年的模式。土耳其共有各类教育学校 6 万余所，在校学生约 2 531 万人，教师约 103 万人。现有大学 174 所，著名高等学府有中东科技大学、海峡大学、伊斯坦布尔大学、安卡拉大学、比尔肯特大学、爱琴海大学、哈杰泰普大学等。2018 年，土耳其教育预算 925.29 亿土耳其里拉[①]。但是，土耳其城乡教育差距悬殊，农村劳动力的文化程度较为低下，文化水平低下的农村劳动力对农业信息的转化率不高。

（二）对女性劳动力的培育不够

土耳其女性劳动力占比份额较高。2019 年土耳其劳动力总数为 3 336.88 万人，其中男性劳动力参与率接近 3/4。与男性劳动力相比，土耳其女性劳动力无论在职业培训还是在农业信贷等方面的可得性，均远低于男性劳动力（Brumfield & Özkan，2016）。尽管女性劳动力花在农业生产上的时间不低于男性劳动力，但是家庭工作时间份额限制了她们发展农业专业技能的机会（Özkan et al.，2000）。此外，与男性劳动力相比，农业部门的女性劳动力在经济回报和就业方面并不平等。女性劳动力的识字率远低于男性劳动力，她们在农业工作中的收入也比男性劳动力低。开展女性劳动力的职业和创业培训，对于释放土耳其女性劳动力的农业潜力很有必要。

四、农业信息系统的改进方向

土耳其农业信息系统的最终目标是服务本国农业经济发展。因此，一切有利于本国农业经济发展的因素都是土耳其农业信息系统的改进方向。地理信息系统技术是土耳其农业信息系统发展的重要支撑，长期内不会发生重大改变。这样的判断是基于以下两个依据：一方面，土耳其政府的技术创新能力位居全球前列。另一方面，土耳其政府注重科技立国，对本国科技创新的支持力度大。土耳其的研发经费变化幅度居世界第二，其研发经费投入高于瑞士、芬兰和以色列。尽管如此，土耳其政府还拟在 2023 年将研发经费占 GDP 的比例增

---

① 中国-土耳其经贸合作网：http://www.ctc.mofcom.gov.cn/index.shtml. 对外投资合作国别（地区）指南（2019 年土耳其）。

加到 3％，并将 7.2 万名全职研究人员增加到大约 30 万名。此外，该计划还制定了一系列措施，将在每所大学建立技术转移办公室，支持应用科学的发展，促进科技创新和产业界的联系①。近年来，土耳其强调科技立国，研发支出占国内生产总值的比重逐年增加。2018 年，土耳其研发支出达 385 亿土耳其里拉，占 GDP 的比重为 1.03％②。因此，土耳其短期内的农业信息系统技术的创新边际空间小。除了本国自主研发，技术引进也是技术创新的一种重要方式。但是，正如速水佑次郎和神门善久（2003）指出的那样，符合自然环境条件的适应性研究和土地改良研究是确保技术在不同自然环境之间转移成功的关键。

（一）农业研究子系统的改进方向

农业信息研究人员想获得农民反馈的真实农业信息需求，就必须提高自身素质。首先，要加强对农业信息研究人员的专业培训；其次，尽量雇佣职业农业信息人员，也就是让专业人员负责专业事项；更为重要的是，要鼓励社会力量广泛参与，尤其是在组织机构上建立健全县级以下基层农业信息管理服务队伍和农村信息员队伍，分工明确，相互配合；在管理体制上积极探索、勇于创新，形成有效的激励-约束机制，充分调动农业信息管理服务人员的积极性和创造性，提高农业信息传播工作效率。

（二）农业传播子系统的改进方向

争取来自社会各部门、各阶层的精神和物质支持，形成国家资助、公益帮助、农民自助的"三助合一"模式，为农业信息传播获得最广泛的社会支持；以现代信息传播技术整合常规信息传播形式，以农业信息产品准确及时地传播到农业信息用户为目的，根据不同地区的经济、社会、文化特点，实现互联网传播与文献、电视、电话、广播、人际传播相结合，充分利用传播形式，多层次、多途径、全方位推进农业信息传播；从理论上分析网络信息向农村用户延伸的方法，总结实践中先进地区解决农业信息系统"最后一公里"的典型经验，探索解决网络延伸的可行办法。

---

① 中国教育信息化网：http：//www.ict.edu.cn/ebooks/b3/text/n20131101_2972.shtml。
② 中国-土耳其经贸合作网：http：//www.ctc.mofcom.gov.cn/index.shtml。对外投资合作国别（地区）指南（2019 年土耳其）。

（三）农业信息用户的改进方向

人力资本理论的倡导者舒尔茨（2009）强调了农民教育的重要性，他认为改造传统农业的关键之一是对农民进行人力资本投资。资本不仅包括作为生产资料的物，而且应该包括作为劳动力的人。各种历史资料都表明，农民的技能和知识水平与其耕作的生产率之间存在着密切的正相关关系。因此，要对农民进行人力资本投资。

对土耳其农民进行人力资本投资要从以下三方面入手：第一，加强农民的职业教育培训。在对农民的人力资本投资中，正式建立初等、中等和高等学校是基本的。多年来，经济学文献关注教育数量对经济增长的积极影响。然而，越来越多的证据表明，促进增长的不仅是以平均受教育年限或入学率衡量的学校教育数量，更重要的是学校教育质量。重要的不是学校，而是在学校学到了什么（Hanushek & Kimko，2000；Pritchett，2001；Hanushek & Woessmann，2012）。所以，在提高农民职业教育基本年限的同时，更重要的是要加强对农民职业教育技能的培训。第二，加强农民的非职业教育培训。对于正在从事耕作而不能上正规学校的成年人来说，农闲期间的短期训练班、传授新耕作法和家庭技术的示范，以及不定期地对农民进行教育的会议，都能起到重要的作用。第三，适度提高对农民的补助。由于教育的收益不能马上或在不久的将来获得，而是要在许多年后才能获得，因此，农民预期寿命是决定人力资本投资的一个重要变量。适度提高对农民的补助一方面能改善农民的生活，另一方面也有利于提高农民对农业信息的支付能力。因为互联网传播的农业信息接收成本较高，所需要支付的费用也就更高。

此外，土耳其也可以借鉴发达国家农业信息系统建设的经验。首先，要以立法形式加大对农业信息系统建设的保护力度；其次，保持对农业信息系统建设的资金扶持力度；最后，积极拓展以农产品电子商务为代表的农业信息系统新业态。

第八章 CHAPTER 8
土耳其农业生态环境 ▶▶▶

作为横跨欧亚两洲、幅员辽阔的国家，土耳其因独特的地理位置拥有得天独厚的生态资源。这里从沿海的平原到山区的牧场，从雪松林到空旷的草原，气候和地形复杂多样，因此成就了土耳其物种的多样化。土耳其是世界上植物物种最丰富的国家之一，生长着1万多种植物，其中3 000多种属土耳其独有。但随着技术进步、人口增长、工业化和城市化进程的不断加速，自然资源承载了极大的压力，自然资源的过度开发和使用导致了严重的生态环境问题。为确保农业生态环境的可持续发展，土耳其开始转向农业绿色发展模式，出台了如有机农业、水资源检测与保护、环境友好型农业土地保护等环境保护方案，以保护土壤和水质量、维持自然资源可持续利用。

第一节　土耳其农业生态环境面临的主要问题

由于土耳其经济发展初期，生态环境问题尚不突出，农业生产满足人民基本的生存需要是首要任务，因而多注重大力发展农业生产，开垦土地，扩大种植面积，忽视了农业生态保护。随着农业生态资源消耗和城市化进程不断加快，农业生产和城市生活中产生的各种废弃物甚至是有毒有害物质以各种形式进入农村地区，工业污染也日益严重，生态环境问题开始凸显。

土耳其农业已经开发了全国近一半的土地，使用了全国近3/4的淡水资源，大约7%的温室气体排放源于农业（OECD，2016）。随着土耳其工业化发展、人口的增加和生活水平的提高，社会基础设施和资源的利用给生态环境带来了巨大的压力。农业大规模灌溉引发了盐碱化和土壤侵蚀；农药和化肥的使用带来严重的环境和土壤污染；土地利用模式的改变使动植物失去了其天然栖息地，生物多样性开始下降；促进社会经济发展的城市化和工业化进程更使污染程度增加、空气和水的质量下降。土耳其正面临着经济发展和环境成本的权衡，农业发展面临着一系列生态环境问题。

一、水资源短缺、干旱和污染问题

（一）水资源短缺、干旱

水资源是农业生态发展的中心问题。许多人认为土耳其是一个水资源丰富的国家，但实际上就现存的水资源而言，土耳其可开发的水资源中，人均年拥有水量约为 1 500 立方米，属水资源压力国。据土耳其国家统计局（DIE）估计，到 2030 年土耳其人口将达到 1 亿，因此，其人均年拥有水量降为 1 000 立方米，接近水资源贫穷国标准线（许燕和施国庆，2009）。

土耳其有大约 50 个面积大于 10.26 平方千米的湖泊和 200 多个较小的湖泊（Kandal & Uzlu，2014），虽然河流湖泊众多，淡水资源相对较丰富，但水资源在全国各地分布不均。土耳其地形以山地和高原为主，山岭阻隔使得两河谷地水源丰富，而其他地区则干旱缺水，水资源分布与人口和生产要素不相匹配，相比较而言，土耳其是一个缺水的国家。受气候影响，土耳其水资源时空分布不均，夏季干燥，冬季多雨，雨季降水量占全年总量的 80% 以上，时常发生季节性干旱。为了缓解资源分布不均和季节性干旱，土耳其实施了大量的农田灌溉项目和水利基础设施建设，一方面缓解了水资源的利用压力，另一方面却也带来了对水资源的污染。土耳其在管理和开发水资源方面面临挑战。相关组织预计，到 2030 年土耳其将成为一个水资源紧张的国家（Öztürk et al.，2009）。

土耳其灌溉农业目前的消耗量占总耗水量的 75%，相当于约 30% 的可再生水可用性（Çakmak，2010）。尽管大部分灌溉用水来自大坝和水库，但约 35% 的水是从地下水中抽取的。为了农业灌溉而过度抽取地下水使得许多含水层的开采超过了其自然补给率，特别是在地中海区域，这已经成为一个十分令人关切的问题。农业灌溉是影响地下水平衡的重要因素，因为几乎 3/4 的淡水被用于农业用途（OECD，2008）。随着农业灌溉对水资源的需求不断增加，预计未来农业部门与其他水资源用户的竞争将加剧，农业对地下水的压力将继续增加。

（二）水资源污染

根据土耳其政府部门对埃尔根（Ergen）、阿卡雷（Akarçay）、盖迪兹（Gediz）、萨卡里亚（Sakarya）、苏苏鲁克（Susurluk）流域的水质监测数据分析发现，20%～50%的地表水监测点处于污染过程中，或已经存在严重的氮污染，另外一些湖泊也显示出显著的磷污染水平（土耳其环境与城市规划部，2014）。很多学者对土耳其其他重要的水资源流域的污染情况进行了测度，Akin和Klrmlzlgül（2017）通过对土耳其第二大人工淡水水库克班大坝水库（KDR）的微量元素检测发现，工业和生活污水排放等人为活动造成水库沉积物中重金属元素积累。Kucukosmanoglu和Filazi（2020）对莫干湖中的水和沉积物样本以及鱼类进行检测发现，在水样、沉积物样品和鱼类组织中都鉴定出含有较多铁、铜、铬、锌、铅、镍、砷、硒和汞等金属（类金属）。其中污染最严重的区域位于餐厅和茶园废物倾倒的地方，8月份的废物量和污染水平尤其高。Durmaz等（2017）研究了土耳其最大的河流之一比尤克·曼德斯河（BMR），这条河位于人口稠密的城镇，而且是农田灌溉的重要来源，但近年来，由于水质污染，重金属含量超标，对当地居民及其周围的生态系统产生了很大的影响。

二、土地资源退化问题

土地资源退化是土耳其面临的一个严峻挑战。土耳其是一个多山的国家，大约1/4地区处于海拔1 200米以上，而不到2/5的地区在460米以下，平原地区主要分布在沿海边缘。陡峭的斜坡在全国各地都很普遍，平坦或轻度倾斜的土地仅占总面积的1/6。这些地形特征也影响了气候条件，进一步使得土耳其比同纬度的其他国家面临更恶劣的气候条件，同时减少了农业用地的可用性和生产力。Berberoglu等（2020）估算了土耳其陆地表面的总土壤流失量约为每年2.85亿吨，其中农田年流失量为5 550万吨，这证实了大约30%的土壤侵蚀发生在农业用地。土壤侵蚀一方面受自然条件特别是气候和地形影响，另一方面是由于人为的耕地管理不善、过度采伐和过度放牧等引起（Irvem et al.，2007）。尽管土耳其牲畜密度不到经合组织成员国水平的一半，但过度放牧和其他不适当的牧场管理做法使大约60%的牧场容易受到土壤侵蚀，特别是在爱琴海和马尔马拉地区。土耳其境内土壤侵蚀不但影响土壤的肥力，而且造成某些水电工程和湖泊的淤塞问题。以土耳其南部的梅尔辛市为例，由于城市的快速空间扩张，导致农业用地退化，城市化增加了整个流域的不透水表面，导致梅尔辛市及其附近地区更容易发生洪灾（Duran et al.，2012）。也有部分地区由于气候较为干燥，土地盐碱化过程明显，这一挑战直接威胁到农业可持续性。OECD估计土耳其有6％的耕地因盐渍化而受到产量限制，另有12％的耕地受到内涝的影响。不适当的灌溉和化肥管理做法以及过度取水是一些地区土壤盐碱化的重要原因（OECD，2008）。随着社会经济的深入发展和城市化进程的推进，种植、养殖规模的不断扩大，人类的经济活动对土地资源造成的压力不断增加。

三、土壤污染问题

土耳其近一二十年间兴办了较多的钢铁工业、化学工业，重金属污染已较为明显，尤其是高速公路两侧农地的铅锡及废气污染较严重。Hasan等（2020）对土耳其锡诺普省88个采样点的土壤样品进行分析发现，铬、镍、铅等重金属的平均浓度超过了世界地壳平均水平。

根据土耳其农业与农村事务部数据统计显示，自2009年以来，农药和化肥使用量不断增加（表8-1）。2019年农药总使用量达到51 297吨，其中杀菌剂使用量最大，使用量为19 698吨。2019年化肥总使用量为0.12亿吨，氮、磷、钾肥中氮肥使用量最大，也是近年来使用量增速最快的肥料，2019年使用量为801万吨，相较于2009年增加了19％。农田过度施肥与施肥不当已经影响了土壤农作物的水量平衡，影响了土壤结构，并使地下水受到硝酸、亚硝酸残余物污染。

表8-1 2009—2019年土耳其农药和化肥使用情况

单位：千吨

年份	杀虫剂	杀菌剂	除草剂	除螨剂	灭鼠剂	其他	农药使用总量	氮（21％ N）	磷（17％ P₂O₅）	钾（50％ K₂O）	化肥使用总量
2009	9.91	17.86	5.96	1.53	0.08	2.30	37.65	6 730.85	3 416.98	130.90	10 278.73
2010	7.18	17.40	7.45	1.04	0.15	5.34	38.56	6 397.09	3 028.67	167.00	9 592.75
2011	6.12	17.55	7.41	1.06	0.42	6.98	39.53	5 995.50	2 882.30	196.51	9 074.31

（续）

年份	杀虫剂	杀菌剂	除草剂	除螨剂	灭鼠剂	其他	农药使用总量	氮(21% N)	磷(17% P₂O₅)	钾(50% K₂O)	化肥使用总量
2012	7.26	18.12	7.35	0.86	0.25	8.77	42.61	6 817.22	3 129.30	202.47	10 148.98
2013	7.74	16.25	7.34	0.86	0.13	7.13	39.44	7 542.25	3 662.10	211.41	11 415.76
2014	7.59	16.67	7.79	1.51	0.15	6.01	39.72	7 107.11	3 353.10	234.33	10 694.54
2015	8.12	15.98	7.83	1.58	0.20	5.33	39.03	7 077.21	3 437.37	263.20	10 777.78
2016	10.43	20.49	10.03	2.03	0.26	6.84	50.05	9 028.79	4 660.03	236.62	13 925.45
2017	11.44	22.01	11.76	2.45	0.24	6.21	54.10	8 401.09	4 438.10	249.89	13 089.07
2018	13.58	23.05	14.79	2.49	0.31	5.80	60.02	7 272.53	3 063.90	231.02	10 567.46
2019	11.61	19.70	12.64	2.12	0.26	4.96	51.30	8 010.32	3 924.25	233.00	12 167.57

数据来源：土耳其农业与农村事务部。

四、生物多样性问题

土耳其是生物多样性最丰富的国家之一，拥有 120 种哺乳动物、469 种鸟类、130 种爬行动物、400 种鱼类和 11 000 种植物。在土耳其发现的物种中，超过 1/3 是本地特有的（Kahraman et al.，2012）。大约 3/4 的欧洲动植物物种可以在这里找到（OECD，2008）。湿地是生物多样性的重要组成部分，土耳其有 250 多个湿地，总面积约 100 万公顷。面积超过 100 公顷的湿地大约 75 个。在土耳其所有的湿地中，60% 的湿地拥有较丰富的淡水资源。根据国际标准，土耳其 18 个湿地被列为 A 级，一次可为超过 25 000 只鸟类提供避难所和食物；45 个湿地被确定为 B 类，可容纳 10 000～25 000 只鸟类（OECD，2016）。在过去的 20 年里，土耳其湿地面积一直稳定在总土地面积的 0.4% 左右。

然而，近年来这个基因库像世界上其他一些地方一样受到基因侵蚀的威胁。Thakur 等（2012）通过监测土耳其科伊纳湿地观察点发现，湿地条件在 2000—2008 年不断恶化。对湿地的第二个重要威胁是污染，特别是受污染河流中的沉积物在湿地堆积，给湿地生活的动植物带来巨大的安全隐患。Şehnaz Şener 等（2020）通过对土耳其南黑海地区最大的湿地克孜勒厄尔马克河三角洲地区的检测分析发现，污水排放、农业活动产生的废水以及固体垃圾填埋场是三角洲最重要的污染物源。另外，由于过度捕捞和水污染也正在导致海洋生物多样性下降。根据土耳其统计局的数据，土耳其捕鱼区的商业鱼类品种数量从 20 世纪 60 年代的 30 多种降至如今的 5～6 种。土耳其自然植被也正在遭受破坏，土耳其草原主要分布在安纳托利亚中部和东南部，也见于色雷斯低地和安纳托利亚东部的山谷和盆地，森林和林地覆盖了该国其余地区，然而这些自然植被类型已经受到人类直接（伐木和农业活动等）和间接（放牧等）活动的影响。

生物多样性问题是各种生态问题综合作用的结果，包括草场和草地过度放牧、水土流失、机械农作、过度使用农药、城市化、工业化、家庭和工业废物、全球变暖、过度狩猎和收集等。根据世界银行的世界发展指数，2018 年土耳其濒危物种达到 283 种，其中哺乳动物 19 种、鸟类 20 种、鱼类 131 种、高等植物 113 种，土耳其面临着较为严峻的生物多样性问题。

五、空气污染问题

空气污染是整个土耳其的重要问题，尤其是在该国的中心城市。根据欧洲环境署（EEA）的数据，土耳其 97% 以上的城市人口面临着空气颗粒物污染。此外，2017 年从土耳其环境与城市化部获得的数据发现，该国几乎每个省的空气污染值都在 151～200，一些省份的空气污染值实际上超过了 300（空气污染水平认为良好的空气质量值在 0～50）。在过去的 30 年中，土耳其的温室气体排放量也大幅增加。2017 年，土耳其的温室气体总排放量增长了 5.24%，达到 5.24 亿吨。其中能源、工业过程和产品使用、农业活动的排放量分别占总排放量的 72.53%、12.14% 和 11.99%。2018 年温室气体总排放量较 2017 年稍有减少，但依然达到 5.21 亿吨；农业活动导致的温室气体排放比例进一步增加到总排放量的 12.46%，达到 0.65 亿吨（表 8-2）。

表 8-2　2009—2018 年土耳其温室气体排放（二氧化碳当量）

单位：亿吨

年份	总计	能源	工业过程和产品使用	农业活动	废物
2009	3.96	2.93	0.43	0.42	0.19
2010	3.99	2.87	0.48	0.44	0.20
2011	4.28	3.09	0.53	0.47	0.20
2012	4.47	3.21	0.55	0.52	0.19

（续）

年份	总计	能源	工业过程和产品使用	农业活动	废物
2013	4.39	3.08	0.58	0.56	0.18
2014	4.58	3.26	0.59	0.56	0.18
2015	4.73	3.41	0.57	0.56	0.19
2016	4.98	3.60	0.61	0.59	0.18
2017	5.24	3.80	0.64	0.63	0.17
2018	5.21	3.73	0.65	0.65	0.18

数据来源：土耳其农业与农村事务部。

第二节　土耳其农业生态环境保护应对经验

为了应对农业生态环境问题，土耳其实施了诸如有机农业、良好农业做法和环境友好型农业土地保护方案（EFALP）等政策措施，以保护农业生态环境，减少农业应用带来的负面影响。

一、农业生态环境保护法律法规和项目

（一）环境保护相关的法律法规

土耳其有关环保方面的法律法规主要有《环境（保护）法》《森林法》《土壤保护和土地利用法》《空气质量控制条例》《水体污染控制条例》《噪音控制条例》《固体废弃物控制条例》《环境影响评估条例》《医用废弃物控制条例》《有毒化学物质和产品控制条例》《危险废弃物控制条例》等[①]。

1982 年土耳其宪法第 56 条规定了环境的概念。1983 年，颁布了《环境（保护）法》，通过对污染者处以罚款的方式来保护环境和防止污染。为配合《环境（保护）法》，陆续有许多相关法规生效，其中包括《水体污染控制条例》（1988 年）、《环境影响评估条例》（1993 年颁布，1997 年修订）。1998 年生效的《国家环境行动计划》规定了防治土地荒漠化、控制水土污染和保护生物多样性的条例。对于环境保护的不同领域，土耳其出台了一系列有针对性的

---

① 土耳其相关法律法规查询网址：www. bayinodirlik. gov. tr。

政策措施：

水资源保护：土耳其防止水污染最适用的法律是 1971 年的《水产法》。由于该法只根据其是否适合渔业来评价水生环境，还远远不能解决全国的水污染问题。1988 年，根据 1983 年《环境（保护）法》制定颁布了《水体污染控制条例》，确定了对水体保护的技术和法律原则。条例划分了保护区范围；制定了用于饮用水的水库、湖泊土地使用战略；制定了向地表水和地下水中排放污水和处理污水的原则。2018 年 12 月，土耳其环境与城市规划部（MOEU）发布 30621 号政府公告，对外颁布了新的海洋污染罚款费率。除此之外，为了与欧盟环境要求保持一致，政府出台了《保护水免受农业资源造成的硝酸盐污染条例》等法规。

污染排放处理：对于排污处理及废弃物处理的相关规定散见于《宪法》《民法典》《环境（保护）法》等法律法规中。土耳其《刑法》第 181 条、182 条对向水中、土壤中、大气中违法排放废弃物造成环境损害的行为做出了明确的惩罚规定。

土壤污染处理：2001 年 12 月 10 日以政府公报形式颁布生效的《土壤污染防治条例》，规范了农民使用化肥与化学制品的行为。除此之外，2004 年和 2005 年分别发布《有机农业法》和《有机农业原理与应用细则》，推广有机农业的应用发展，以减少对环境的破坏。

整体来看，土耳其已经在农业生态环境的各个领域颁布了较为细致的法律法规，并且在环境质量标准、环境监测制度和评价、生态保护补偿制度和违法处罚标准等出台了明确的规定，明确了法律责任和底线，做到有法可依、有法可量，为农业生态环境的可持续发展提供了良好的保障。

（二）环境保护相关项目

自 2000 年以来，土耳其已采取了各种保护农业环境试点举措，包括保护农业用地促进环境方案、支持制定土耳其国家农业环境方案项目（2006—2008年）、防治水土流失行动计划（2013—2017 年）等。下面介绍几个影响较大的综合项目。

1. 灌溉农业到农业综合防治——东南安纳托利亚工程（Great Anatolia Project，GAP）

由于土耳其水资源跨区域、跨季节分布不均的特征，为了更好地保证农业可持续发展，政府建立了稳定健全的灌溉管理体系，其中最著名的是东南安纳托利亚工程。

GAP 是一个区域性水资源开发项目，覆盖了底格里斯河和幼发拉底河流域的 9 个省，总面积 7.54 万平方千米，人口 527 万，占土耳其国土面积的 10％及人口的 8％，估计总成本为 320 亿美元，是土耳其历史上最大的区域开发项目，也是世界第四大灌溉项目。GAP 在 20 世纪 60 年代和 70 年代发起时的最初目的是开发两河水资源以满足电力和农业灌溉需求。项目区包括幼发拉底河和底格里斯河下游以及美索不达米亚上游平原的丰富流域，计划灌溉 170 万公顷的土地，其中耕地面积占总面积的 42.2％，草地占 33.3％，森林和灌木占 20.5％（Olcay，1997）。1989 年，土耳其国家水利工程部（DSI）推出了 GAP 总体规划（GAP Master Plan）和区域开发计划（GAP-RDP），GAP 由此提升为一项以水资源开发为基础的流域经济社会整体发展项目，涵盖了所有相关的社会经济产业，如运输、矿业、电信、健康、教育、旅游和该地区的基础设施。同时，GAP 利用工程移民和建设投资形成的新市场，加强当地基础设施建设，促进商贸业发展，创造了约 350 万个就业机会，有力拉动了区域经济发展（王宏新等，2010）。

东南安纳托利亚工程是一个基于可持续发展概念的多部门综合区域发展项目。开发的思路是"综合规划、逐级推进、网状布局"。GAP 的环保体系包含四大支柱：①贯穿始终的环保法律法规。土耳其《环境（保护）法》中有一项《环境影响评估条例》，用来评估各类工程建设可能导致的环境问题并预先制定对策，所有大型工程必须通过《环境影响评估条例》审核并在建设期随时接受检查（Açma & Bülent，2001）。②预防导向的环保调查和规划。GAP 对地区内主要生态指标进行动态监测，并对当地文物古迹保护情况进行定点考察，评估工程建设的环境影响预期（Olcay，1997）。③丰富的环保技术手段。例如，GAP 开发应用了雨水收集、分流滴灌、需求导向型水量调节等新技术手段（Polat & Olgun，2004）。GAP 是土耳其建立综合流域管理和可持续利用水资源的重要项目。

2. 土壤退化防治——环境友好型农业用地保护（EFALP）计划

土耳其最全面的环境保护计划之一是环境友好型农业用地保护计划。该计划于 2006 年启动，目的是减少农业措施对环境的不利影响，防止水土流失，维持可再生的自然资源，保护脆弱地区的自然覆盖和水土质量。该计划推广可行的耕作和灌溉做法、良好的农业实践和有机农业等必要措施减少农业的负面影响[①]。在 300 万个土耳其农场中，约有 14.4 万个农场参加了环境友好型农业用地保护计划。根据 2019 年的统计数据，EFALP 计划已经扩大到了 58 个省，覆盖了 9 600 公顷土地（Canan & Ceyhan，2020）。

2013—2017 年进一步实施了"防治水土流失行动计划"[②]，其中包括了一些防治水土流失的活动，如水土流失控制、植树造林、土地恢复等。为了提高土壤数据和信息的质量及可得性，土耳其与联合国粮农组织合作建立一个统一的国家土壤信息系统。这是土耳其的第一个在线土壤信息系统，目的是让农民、土地使用者、研究人员和政策制定者可以通过基于网络的地理信息系统（Web GIS）进行在线访问，实现信息互通有无，确保可持续和有效地利用土耳其的土壤资源。

3. 农业环境、气候和有机农业方案（2014—2020 年）

为了应对农业生产对生态环境的影响，土耳其积极改变农业生产策略，提倡推广环境优化友好型的有机农业，改变过去粗放式、低效率的资源利用方式，改善自然资源的可持续管理。农业环境、气候和有机农业方案（2014—2020 年）为水土保持、水资源、生物多样性和有机农业提供了具体的发展规划，具体内容见表 8 - 3。该项目的款项将用于对实施有机农业方案的农户进行补贴，补贴金额将到 1 888 万欧元（Ataseven & Sumelius，2014）。此外，由财政部、大学、政府办公室、非政府组织和行业协会制定的"有机农业国家行动计划（2013—2016 年）"旨在通过在各个领域的专门行动促进有机农业发展。

表 8 - 3 **农业环境、气候与有机农业方案**（2014—2020 年）

项目	具体内容
水土保持	保持土壤肥力，从肥力、有机质含量、土壤结构和生物多样性方面减少土壤侵蚀
水资源	减少灌溉用水量、改善地下水质量、增加地下水数量

① MOFAL（Ministry of Food，Agriculture，and Livestock）. 2009. Environmentally friendly agricultural land and protection program. ［2020-12-21］. http：//www. tarim. gov. tr/ Konular/Bitkisel-Uretim/ Tarla-Ve-Bahce-Bitkileri/ CATAK.

② MOEU（2014），Environmental Indicators：2013，Ministry of Environment and Urbanization，Republic of Turkey. www. csb. gcv. tr/db/ced/editordosya/Cevresel Gosterge _ Environmental Indicators 2013 _ （ENG）. pdf.

（续）

项目	具体内容
生物多样性	保护当地物种，特别强调建立稳定的生态环境，通过改善栖息地提高种群的可持续性，提高对生物多样性价值的认识
有机农业	推广有机农业实践 提高对环境友好型耕作方法的认识，将农业活动期间对环境的破坏降低到最低程度

数据来源：MOFAL（2014）。

4. 其他保护项目

近年来，林业部实施了几项促进综合流域恢复和社区林业发展的项目。这些项目的总目标是实现森林、土壤和水资源的可持续管理、保护和发展，并建立资源管理制度，减轻对自然资源特别是对森林的压力。土耳其通过执行联合国粮农组织的相关项目，制定了森林防火和控制战略，完善了森林火灾数据收集和管理系统，并开始进行兼容性研究，以便使这些系统适应有关的国际和区域进程。国家水利工程总局（DSI）在水资源可持续开发方面开展了许多活动。DSI 开展的植树造林与娱乐设施建设活动在预防侵蚀、减少大坝泥沙淤积量、恢复坝区和流域的环境等方面发挥了关键作用。

二、生态环境保护的主要做法

（一）制定国家环境保护战略规划

土耳其在国家和农村发展战略中对环境保护和应对气候变化作出了明确规定。主要战略计划包括：可持续发展目标的新经济方案（2019—2021 年），国家农村发展战略和农村发展行动计划（2014—2020 年），国家防治荒漠化战略和行动计划（2015—2023 年），国家流域管理战略（2014—2023 年），国家干旱管理战略文件与行动计划（2017—2023 年），土耳其农业抗旱战略行动计划（2018—2022 年）等。

农业与农村事务部和林业部 2019—2023 年的战略计划为农业部门制定了具体战略目标，包括提高农业产量和质量，保障从生产到消费的食品和饲料安全，保护水产养殖和渔业资源，确保土地和水资源的可持续管理，有效防治气候变化、荒漠化和侵蚀，保护生物多样性等。为了进一步加强国家和区域机构应对气候变化影响的能力，土耳其制定了国家气候变化战略（2011—2023

年），该战略侧重于水资源管理，农业部门和粮食安全，生态系统服务、生物多样性和林业，自然灾害风险管理，公共卫生五个重要领域，具体见表8-4。

表8-4 土耳其国家气候变化战略（2011—2023年）

领域	具体规划
水资源管理	将适应气候变化影响纳入水资源管理政策；在适应气候变化方面加强水资源管理能力、机构间合作与协调；发展和扩大研发和科学研究，以确保在水资源管理中适应气候变化的影响。
农业部门和粮食安全	将适应气候变化纳入农业部门和粮食安全政策；在考虑气候变化影响的情况下开发"土壤和土地数据库及土地信息系统"；农业用水的可持续规划。
生态系统服务、生物多样性和林业	将气候变化适应办法纳入生态系统服务、生物多样性和林业政策；确定和监测气候变化对生物多样性和生态系统服务的影响；确定由于气候变化对林地的影响而引起的土地利用变化。
自然灾害风险管理	查明气候变化对管理自然灾害的威胁和风险；加强应对气候变化造成的自然灾害的机制；组织培训活动，提高公众对气候变化可能产生的灾害和风险影响的认识和参与。
公共卫生	查明气候变化对人类健康的现有和未来影响和风险；针对气候变化带来的健康问题，健全相应的国家医疗应对系统；加强卫生部门组织应对气候变化引起的健康风险的能力。

数据来源：https://climate-adapt.eea.europa.eu/countries-regions/countries/turkey。

（二）健全环境管理体制

土耳其十分重视环境保护，设置了明确的管理部门职责分工和责任体系，构建了生态环境污染监测体系、农业生态环境治理资金投入体系、监管处罚制度体系等。从政府机构设置来看，土耳其对环境保护重视程度可见一斑。政府下设环境与城市规划部统筹负责土耳其环境保护等相关事务，包括环境管理、环境评价、土地使用、自然资源保护、动植物种类保护、污染防治、环保宣传、制定环保政策和发展战略、与地方环保部门沟通、与国际组织沟通合作、环保数据搜集等。2013年，为了进一步解决林业和水利工程管理、生态系统服务、生物多样性等事务，成立了气候变化影响和适应工作组。除此之外，林业部、农业与农村事务部、卫生部以及水利局等部门也负责相应部分环保事务。

从项目实施过程分析，土耳其除了在相关法律法规中作出农业生态环境保护明确要求外，最重要的一个措施是在项目开展之前实施环境影响评估。环境影响评估（ÇED）[①] 于1993年开始实施。土耳其境内古迹繁多，因此不论公共或私人投资项目，项目实施前都必须进行环境影响评估。项目评估需递交ÇED申请、ÇED报告及项目介绍，在未得到积极环境评估意见或免环境评估证书前，项目不得以任何形式进行招投标或融资等。

从政府的生态环境补贴政策分析，环境和城市化部为环境基础设施和环境保护项目提供高达50%～100%的补贴，包括硬废物储存、回收基础设施、废水处理和饮用水基础设施。为了推广有机农业，对水果和蔬菜以及温室种植的有机农业进行补贴；对有机农场的商业和投资贷款提供50%的利率补贴；对农业认证和测试等费用提供50%的补贴（Ataseven & Sumelius，2014）。为提高农民合理使用化肥的意识，并提高土壤生产力，政府不断为农民提供培训支持。政府在提供基础设施投资方面发挥着重要作用，特别是在灌溉方面。为控制水和土壤污染，保护湿地，维持土地质量和确保农业土地自然资源的可持续性，政府提供土地养护拨款。同时，政府积极扩大农业保险的资助范围。2018年，农业保险覆盖范围包括因为干旱、霜冻、热风、热浪、过度降水等风险产生的大麦、黑麦、燕麦和小黑麦的生产损失。2019年进一步将产品种类扩展到鹰嘴豆、红扁豆和绿扁豆。2019年，政府发放了200多万份农业保险，政府支出为25亿美元。农民还可以获得改善动物品种和农场生产能力的政府补助（例如，田间平整、排水、土壤改良和保护以及土地整理），政府还为经营牲畜饲养、灌溉、有机农业和良好耕作等做法的使用者提供不同程度的贷款利率优惠。

（三）开展科学研究和环保项目

在环境和城市化部的协调下，土耳其联合相关国际组织、国内公共机构、私营部门、非政府组织和大学等积极参与系列环保项目，开展了各种数据分析和研究，以加强国家和区域机构应对生态环境变化的能力。土耳其林业部和农业与农村事务部在2013年12月启动了覆盖土耳其全境河流流域的"气候变化对水资源的影响"项目，通过科学监测确定气候变化对地表水和地下水的影

[①] 土耳其政府公报第 26939 号《Çevresel Etki Değer Lendirmesi Yönetmeliği》，网址：www. resmi-gazete. gov. tr/ default. aspx。

响，从而确定相应的保护措施。商务部农业研究和政策总局下属的研究所开展各种研究活动，识别和监测农业干旱及其对土壤和水资源的影响，主要研究课题包括：开展水文干旱研究、评估干旱监测和预报方法、识别和监测流域土壤水分状况、适当的集水方法以及对作物发育的影响，气候变化对土壤质量参数的影响，以及土地利用和作物生产产生的碳识别等。土耳其也注重滴灌技术、生物农药、生物有机肥等生物技术的研发应用，通过创新提高应对农业生态环境问题的效率。

除了与国内科研组织和人员积极开展合作，土耳其也积极参与国际组织项目和合作。土耳其参加了世界气象组织的大部分全球项目，包括全球观测系统、全球气候观测系统、地面辐射网络和全球大气观测等。在全球观测系统下，土耳其设置了 1 280 个地面观测点，投入使用 69 套海上自动气象观测系统用于海洋监测，并设置了 1 个移动式高水平测量站和 11 个气象雷达。此外，为了改善对土耳其生物多样性的威胁，土耳其政府一直在与联合国粮农组织和全球环境基金合作，以改善其保护和可持续管理计划。作为《巴黎协定》的签署国，土耳其通过巩固农田、恢复牧场、控制化肥使用以及实施现代耕作等做法，减少了农业排放。

2013—2018 年，土耳其环境保护开支不断增加，从 2013 年的 27.93 亿美元增加到 2018 年的 49.95 亿美元。其中垃圾废物处理和废水处理开支费用较高，2019 年分别占总费用的 47.47％和 35.55％，其次为保护生物多样性的费用，占总费用的 6.83％。2013—2018 年土耳其环境保护开支具体数据见表 8-5。

表 8-5　2013—2018 年土耳其环境保护开支

单位：亿美元

项目	2013 年	2014 年	2015 年	2016 年	2017 年	2018 年
总额	27.93	32.04	33.38	36.08	44.74	49.95
保护环境空气和气候	0.44	0.44	0.45	0.48	0.75	0.99
废水处理	10.62	12.26	12.32	13.58	15.60	17.76
垃圾废物处理	14.12	16.21	16.83	17.28	22.21	23.71
土壤、地下水和地表水的保护与修复	0.74	0.82	0.95	1.22	1.51	1.81
减少噪声和振动	0.02	0.02	0.02	0.02	0.02	0.02
保护生物多样性和景观	1.19	1.38	1.70	2.12	2.85	3.41

（续）

项目	2013 年	2014 年	2015 年	2016 年	2017 年	2018 年
放射防护	0.01	0.01	0.01	0.01	0.01	0.01
研究与开发	0.11	0.13	0.16	0.21	0.27	0.32
其他环境保护开支	0.68	0.77	0.95	1.17	1.53	1.92

数据来源：土耳其农业与农村事务部。原始数据单位为土耳其里拉，计算中使用 1 土耳其里拉＝0.130 7 美元的兑换比率。

（四）提高民众环保意识

民众的环保意识和环保观念是塑造良好生态环境的基础和条件，农业生产方式的转变离不开农村人口观念的转变。要提高农民的生态观念，首先要加强生态教育。土耳其开展了较多的环保宣传和教育活动，提高民众的环保意识。比如伊斯坦布尔环保技术及废弃物处理展览会已经成功举办十届，是土耳其本土规模最大、最具影响力的环保行业展览会。展览会涉及环保领域、废物处理、污水处理、废气处理、回收及循环再利用等相关产业。活动每年吸引了土耳其及周边地区的众多买家和贸易商前来参加，市场范围辐射到巴尔干地区、黑海里海周边地区、中东地区及中亚地区。

三、农业生态环境保护的经验

（一）平衡生态环境保护与经济效益

经济发展和环境保护是一种相辅相成的关系，保护环境就是保护生产力。如果在经济发展中不考虑环境保护和资源消耗，一味地拼资源、拼环境、拼能耗，表面上看 GDP 在增长，但除去资源成本和生态成本，实际上可能是低增长或者负增长。必须在考虑发展经济的同时，充分考虑环境、资源和生态的承受力，保持人和自然的和谐发展，实现自然资源的持久利用和社会的持久发展。

农业生产是一个以自然生态系统为基础的人工生态系统，它远比自然生态系统结构简单，自我调节能力较弱，易受自然气候、病虫害、杂草生长的影响。农业生产的不稳定性，很大程度上受自然环境的约束。农业可持续发展不仅要保持农业生产率稳定增长，还要提高粮食生产的产量，这就强调了农业生产与资源利用和农业生态环境保护的协调发展。因而，只有不断地调整和优化生态系统的结构和功能，才能以较少的投入得到最大的产出，取得良好的经济效益、社会效益和生态效益，建立一个合理、高效、稳定的农业生态系统。只有农业生态环境得以保护，才可以实现农业的可持续发展，两者是辩证统一的关系。

土耳其在早期经济快速扩张时期，由于没有对农业生态环境予以足够的重视，一味追求农业生产建设，开垦土地，扩大种植面积，且由于农业监管和治理成本较高，忽视了农业生态保护，带来了一系列的生态问题，给土耳其农业可持续发展留下了巨大的隐患，甚至生态环境问题也成为阻碍土耳其与欧盟国家协商合作中的重要因素。近年来，土耳其已经不再仅仅追求经济发展，从其设立的可持续发展目标和行动计划等文件中可以窥见，土耳其逐步向生态环境保护倾斜，这一发展转变也正给其农业可持续发展带来良好的改观。土耳其的历史经验表明，农业生态环境治理具有历史滞后性，必须长远规划，做好经济效益和环境保护的权衡。

（二）采用区域综合治理的模式

土耳其的 GAP 项目成功经验在于其务实性：以严格的法律为保障，以缜密的调查为依据，以多元的资金为支撑，以多样的措施为手段。区域综合治理模式是为了在保护自然资源的同时，实施以区域为基础的高效合理的农业扶持政策。在这一范围内，根据气候、土壤、地形和土地利用类型，通过评估确定不同的农业区域。对于每个区域，选择相应的竞争产品并制定发展战略。通过科学测算方式和数据分析确定不同产品最有效的地区。这种因地制宜的区域综合治理模式给环境治理体系提供了一种可行的经验路径。

解决农业资源利用与生态环境的问题不能只从农业部门内部寻找出路，而应以农业生态系统为对象开展综合恢复与保护行动，夯实现代农业发展所依赖的基础，生态资源总量才是一个国家或地区农业生态环境承载能力的决定性因素。因此，采用流域或区域综合治理的模式，而不再是由农业、林业、水利、环保等部门分头开展、各自为战；各地区在开展生态系统的恢复与保护项目时，将多部门的人财物集中起来，科学制定项目实施方案，共同组织执行，将是有效保护农业生态环境、促进农业可持续发展的重要方式。

（三）加强科学监测与研究

农业生态环境的科学监测是科学制定环境保护措施的前提，有利于清楚地认识生态环境的现状和变化，所以必须要完善农业生态环境监测体系，建立覆盖化肥、农药生产、贸易、流通、使用和排放等所有环节的制度。在污染排放监测方面，在全国污染源普查的基础上，一方面加密和固定面源监测点位，另一方面整合现有的监测体系，建立各级农业生态环境监测站，统筹协调监测手段和数据发布。建立农业化学投入品和污染排放核算体系，为优化环境决策提供依据。

保护生态环境除了减少污染排放外，更重要的是转变生产方式，研究绿色生态的可替代农业投入品将是一种更为高效经济的途径。土耳其大力发展的有机农业、生物农药、生物有机肥等生物技术产品便是这种方式的应用。随着科学技术的发展，利用生物科技和绿色生产方式的创新发展将成为促进农业生态环境可持续发展的主要方式。

（四）健全环境治理体系

基于农业生态环境治理的复杂性、长期性和多领域性，需要构建多领域一体化的农业生态环境治理模式。科学设计治理手段是健全治理体系、促进农业生态环境保护的重要保障。土耳其在综合治理体系方面的探索和发展为我们提供了充分的经验。

首先，需要建立跨部门的综合管理体制，进一步完善和细化部门设置和职能分工。在总体的职能分工上，遵循农业与农村事务部负责农业生产的前端和过程控制、环境部负责相关的环境质量监测和核查工作的基本原则。农业与农村事务部主要从生产投入和过程管控来控制农业污染，包括农业项目推进、资金使用、技术改良与普及、有机农业的推进、农业资源循环利用等。环境部主要负责法规制定、环境质量监测、过程监管和数据核查，包括核查核算技术方法的设计等。

其次，从生态、资源和环境视角综合布局农业产业发展。要深入推进农业资源环境的全要素、系统性保护，优化产业综合布局。综合考虑工业和农业污染排放协调治理，在确保污染排放总量减少、环境质量总体提升的基础上，达到降低社会总治理成本、提高总体环境治理效率的目的，从源头激励农业主体减排。

最后，针对农业生态环境问题的特征，综合考虑、科学设计、合理实施激励型政策。农业生态环境的公共产品属性显著，因此，一方面需要强化政府在政策扶持、规范管理、公共服务等方面的主导作用；另一方面需要充分利用市场，建立有效的市场主体激励机制，使市场可以充分发挥出资源有效配置的作用，引导消费和生产向着绿色、可持续的方向发展。

（五）完善相关法律体系

农业生态环境是实现农业可持续发展的前提和基础。农业生态环境为农业生产提供了物质保证。农业环境质量恶化和农产品污染严重，不但制约农业的可持续发展，影响农产品的国际竞争力，而且危害人民的身体健康和生命安全。加强农业生态环境建设和保护，尽快制定和完善这方面的政策和法律、法规，加强对主要农畜产品污染的监测和管理，对重点污染区进行综合治理。

从土耳其应对环境变化的措施中可以发现，法律法规和具体的奖惩细则是落实环保措施实施效果的保证。第一，环境保护必须坚持保护优先、预防为主、综合治理、公众参与、损害担责的原则，因而完善的法律法规首先要涵盖农业生态环境的各个领域，对影响人类生存和农业发展的各种天然的和经过人工改造的自然因素（包括大气、水、海洋、土地、矿藏、森林、草原、湿地、野生生物、城市和乡村等）要明确公众的权利和义务，并出台细化的法律法规。第二，以法律法规形式明确政府和相关机构的监督管理职责，并提倡公众参与监督。第三，制定明确的环境质量标准，建立、健全环境监测制度和评价体系，建立和完善相应的调查、监测、评估和修复制度，做到有法可依、有法可量。第四，建立健全生态保护补偿制度和违法处罚标准，明确法律责任和底线。

第九章 CHAPTER 9
中国与土耳其的农业贸易与投资 ▶▶▶

土耳其是连接亚欧大陆的枢纽，又是"一带一路"倡议的签约国。中国与土耳其的贸易与投资合作正不断深化。据土耳其统计，2019 年中土双边贸易额为 210.8 亿美元，中国已经成为土耳其第十七大出口市场和第二大进口来源地。根据中国驻土耳其大使馆数据，中土共建"一带一路"以来，中国企业在土耳其投资存量增长 120%。但在农业领域，两国之间的农产品双边贸易规模却甚为狭小，受各方因素影响，双方贸易和投资合作仍有待进一步拓展和深化。下文将就中土两国的农业贸易及投资现状进行分析，并对双边合作和发展提出进一步的展望。

第一节　农产品贸易

总体来看，中土双边农产品贸易规模不大，但重要性在不断提升，具有广阔的增长空间。目前中国对土耳其农产品贸易呈顺差，且土耳其对中国的农产品相对依赖度更高。产品层面来看，中国对土出口较为集中，进口较为分散。近几年中土农产品贸易增速波动较大，但表现仍明显优于整体。总体来看，双方农产品贸易发展潜力充足。

一、农产品贸易规模

按照海关编码（《商品名称及编码协调制度的国际公约》，简称协调制度，缩写为 HS），国际贸易中的商品可分为 22 类、98 章，章以下再分为目与子目。其中，前四类可划分为农产品，涉及 24 章。下面结合国际贸易中心（ITC)[①] 的数据对中土农产品贸易进行总量与结构层面的分析。

农业是土耳其的基础产业，其产值占到国内生产总值的 10% 左右，农产品贸易额平均每年约占国际农产品贸易总额的 1.7% 左右。但中土之间的农产品贸易规模相对较小，2017—2019 年中国与土耳其双边农产品贸易规模如图 9-1 所示。2017—2019 年中土农产品贸易额分别为 4.1 亿美元、4.9 亿美元和 6.7 亿美元，但以 2019 年为例，中土农产品贸易额仅占中国农产品总贸易额的 0.3%，占土耳其农产品贸易总额的 2.2%。其中，中国对土耳其农产品出口额为 4.4 亿美元，仅占中国农产品总出口 769.9 亿美元的 0.6%；中国对土耳其农产品进口额为 2.3 亿美元，占中国农产品总进口额 1 403.5 亿美元的 0.17%。双边农产品贸易仍有较大的发展空间。

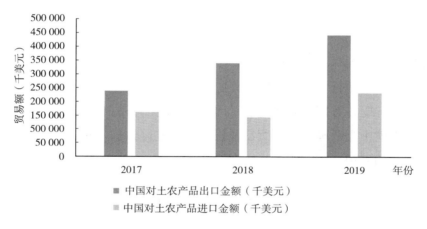

图 9-1　中国与土耳其农业总体贸易情况

数据来源：ITC（https：//www.intracen.org）。

中国对土耳其农产品贸易在 2017—2019 年持续呈现一定的顺差，即使 2019 年中国农产品整体贸易呈现逆差态势，但与土耳其之间的农产品贸易仍有 2.1 亿美元的顺差，当然，这与双边的贸易结构和农产品的价格有重要的关系。

中土双边农产品贸易的重要性在不断提升。中国方面，2017—2019 年，中国对土农产品出口占中国农产品总出口比重分别为 0.3%、0.4%、0.6%，占比不断提升；对土农产品进口占中国农产品总进口比重分别为 0.14%、

[①]　ITC 成立于 1964 年，一直是联合国系统内与贸易有关的技术援助（TRTA）的协调中心。其数据来源主要为 UN Comtrade 与各国统计局。

0.12%、0.17%，占比亦波动提升。土耳其方面，2017—2019 年，土耳其对中国农产品出口占其农产品总出口比重分别为 0.98%、0.84%、1.31%，占比波动提升；对中农产品进口占农产品总进口比重分别为 1.9%、2.7%、3.5%，占比亦不断提升。

从中土农产品贸易同比增速变动角度分析，双边农产品进出口同比增速波动剧烈，但与中土总体贸易增速相比，增长态势仍偏积极。如图 9 - 2 所示，出口方面，2018 年中国对土农产品出口同比大幅增长 48.7%，2019 年小幅下降为 28.8%，变化相对剧烈。2018 年与 2019 年中国对土总出口均呈收缩态势，贸易规模分别同比下降 1.5%、3%。对比来看，农产品出口较总体表现明显占优。进口方面，2018 年中国对土农产品进口同比下降 10.6%，但 2019年农产品进口规模大幅扩张，同比增长 56.3%。2018 年与 2019 年中国对土总进口规模均呈收缩态势，贸易规模同比分别下降 0.3% 和 6.9%。对比来看，农产品进口较总体表现仍偏积极。

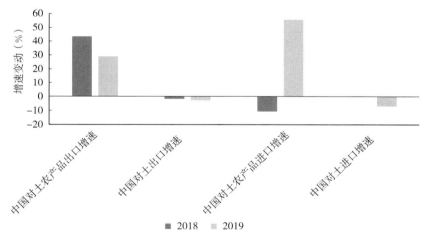

图 9 - 2　中国与土耳其农业贸易同比增速情况

数据来源：ITC（https://www.intracen.org）。

二、中土农产品贸易结构

农产品结构层面将分别按照 HS 中的二位码与四位码进行观测分析，其中二位码可从宏观层面对双方进出口偏好进行把握，四位码则有助于下沉至大类内部进行异质性观测。

（一）中土农产品贸易比较优势

从整体贸易结构进行分析，中国对世界的农产品出口主要集中于动物产品与植物产品，土耳其则集中于食品、饮料、酒及醋、烟草及烟草替代品的制品，双方均偏好进口动物产品与植物产品。但从中土之间的双边贸易结构分析，中国对土耳其的出口产品主要集中于植物产品，如表 9-1 所示。2019年，中国对土耳其出口最多的农产品为油子仁及果实、杂项子仁及果实、工业用或药用植物、稻草、秸秆及饲料（HS12），出口额为 1.6 亿美元；其次为谷物（HS10），出口额为 0.73 亿美元；第三名是蔬菜、水果、坚果或植物其他部分的制品（HS20），出口额为 0.54 亿美元。

表 9-1 2019 年中国对土耳其农产品出口情况

HS 编码	产品名称	中国对土耳其出口额（千美元）	占中国对应产品总出口比重（%）	占土耳其对应产品总进口比重（%）
12	油子仁及果实、杂项子仁及果实、工业用或药用植物、稻草、秸秆及饲料	161 615	5.6	8.2
10	谷物	72 990	6.5	2.3
20	蔬菜、水果、坚果或植物其他部分的制品	53 595	0.7	66.8
8	食用水果及坚果；甜瓜或柑橘属水果的果皮	37 857	0.6	8.1
3	鱼、甲壳动物、软体动物及其他水生无脊椎动物	17 098	0.1	9.4
23	食品工业残渣废料、动物饲料	15 999	0.6	1.0
7	食用蔬菜、根及块茎	14 178	0.1	4.5
13	虫胶、树胶、树脂及其他植物液、汁	13 396	0.9	26.3
9	咖啡、茶、马黛茶及调味香料	10 185	0.3	3.6
17	糖及糖食	7 736	0.4	4.5
16	肉、鱼、甲壳动物、软体动物及其他水生无脊椎动物的制品	6 210	0.1	78.1
21	混杂的可食用原料	5 443	0.1	0.9
19	谷物、粮食粉、淀粉或乳制品；糕饼点心	4 753	0.2	2.7
15	动、植物油、脂及其分解产品，精制的食用油脂，动、植物蜡	4 735	0.4	0.4

（续）

HS 编码	产品名称	中国对土耳其出口额（千美元）	占中国对应产品总出口比重（%）	占土耳其对应产品总进口比重（%）
24	烟草、烟草及烟草代用品的制品	4 338	0.3	0.8
18	可可及可可制品	3 922	1	0.7
5	其他动物产品	3 908	0.2	7.1
6	活树及其他活植物、鳞茎、根及类似品、插花及装饰用簇叶	2 125	0.5	5.0
14	编结用植物材料、其他植物产品	584	0.4	6.2
4	乳品、蛋品、天然蜂蜜、其他食用动物产品	519	0.1	0.5
11	制粉工业产品、麦芽、淀粉、菊粉、面筋	490	0.1	0.4
22	饮料、酒及醋	71	0	0
1	活动物	0	0	0
2	肉及食用杂碎	0	0	0

数据来源：ITC（https://www.intracen.org）。

　　进口方面，如表 9 - 2 所示，中国对土耳其的农产品进口主要集中于植物产品与动物产品。其中，2019 年中国自土耳其进口农产品主要为蔬菜、水果、坚果或植物其他部分的制品（HS20），进口额为 1 亿美元；其次为食用水果及坚果，甜瓜或柑橘属水果的果皮（HS8），进口额为 0.44 亿美元；第三名是动、植物油、脂及其分解产品，精制的食用油脂，动、植物蜡（HS15），进口额约为 0.19 亿美元。

表 9 - 2　2019 年中国对土耳其农产品进口情况

HS 编码	产品名称	中国对土耳其进口额（千美元）	占中国对应产品总进口比重（%）	占土耳其对应产品总出口比重（%）
20	蔬菜、水果、坚果或植物其他部分的制品	100 419	6.7	5.6
8	食用水果及坚果，甜瓜或柑橘属水果的果皮	44 218	0.4	1.1
15	动、植物油、脂及其分解产品，精制的食用油脂，动、植物蜡	18 632	0.2	2.1

（续）

HS 编码	产品名称	中国对土耳其进口额（千美元）	占中国对应产品总进口比重（%）	占土耳其对应产品总出口比重（%）
3	鱼、甲壳动物、软体动物及其他水生无脊椎动物	17 518	0.1	1.8
19	谷物、粮食粉、淀粉或乳制品；糕饼点心	11 016	0.2	0.6
14	编结用植物材料、其他植物产品	7 998	5.6	65.8
16	肉、鱼、甲壳动物、软体动物及其他水生无脊椎动物的制品	6 938	1.8	5.5
7	食用蔬菜、根及块茎	5 277	0.3	0.5
18	可可及可可制品	4 983	0.6	0.8
12	油子仁及果实、杂项子仁及果实、工业用或药用植物、稻草、秸秆及饲料	3 267	0	0.9
22	饮料、酒及醋	3 241	0.1	0.9
17	糖及糖食	3 215	0.2	0.5
13	虫胶、树胶、树脂及其他植物液、汁	2 432	0.6	13.2
21	混杂的可食用原料	1 219	0	0.2
11	制粉工业产品、麦芽、淀粉、菊粉、面筋	812	0.1	0.1
9	咖啡、茶、马黛茶及调味香料	548	0.1	0.3
4	乳品、蛋品、天然蜂蜜、其他食用动物产品	427	0	0.1
24	烟草、烟草及烟草代用品的制品	330	0	0
6	活树及其他活植物、鳞茎、根及类似品、插花及装饰用簇叶	5	0	0
23	食品工业残渣废料、动物饲料	0	0	0
1	活动物	0	0	0
2	肉及食用杂碎	0	0	0
5	其他动物产品	0	0	0
10	谷物	0	0	0

数据来源：ITC（https：//www.intracen.org）。

（二）中土农产品贸易依赖度

从产品层面分析，土耳其对中国农产品的贸易依存度高于中国对土耳其的依存度，且依存度高的产品具有明显的集中性。

从出口分析，由表9-1可知，谷物（HS10）为中国对土出口占比最高的产品，但占中国该产品总出口比重仅为6.51%，其次为油子仁及果实、杂项子仁及果实、工业用或药用植物、稻草、秸秆及饲料（HS12），可可及可可制品（HS18），占中国该产品总出口比重分别为5.62%、0.98%。但从土耳其视角分析，肉、鱼、甲壳动物、软体动物及其他水生无脊椎动物的制品（HS16）为土耳其从中国进口占该产品总进口比重最高的产品，占土耳其进口该产品比重达78.1%，其次为蔬菜、水果、坚果等制品（HS20），虫胶、树胶、树脂等（HS13），占土耳其进口该产品比重分别达66.8%、26.3%。土耳其对中国农产品依赖程度显著更高，不过依赖产品具有集中性，主要集中在上述三类产品HS16、HS20和HS13，第四名的鱼、甲壳动物、软体动物及其他水生无脊椎动物（HS3）对中进口占比仅为9.4%。

从进口分析，由表9-2可知，蔬菜、水果、坚果等制品（HS20）是中国对土进口占该产品总进口比重最高的产品，但占比仅为6.7%，其次为编制用植物材料、其他植物产品（HS14），肉、鱼、甲壳动物、软体动物及其他水生无脊椎动物的制品（HS16），中国对土进口占该产品进口比重比分别为5.6%、1.8%。从土耳其视角分析，编制用植物材料等（HS14）为土耳其对中国出口占该产品总出口比重最高的产品，土耳其对中国出口占该产品总出口比重达65.8%，但第二、三名虫胶、树胶、树脂等（HS13）和蔬菜、水果、坚果等制品（HS20）占比分别仅为13.2%、5.6%。因此，从中国进口层面分析（即土耳其出口层面），土耳其对中国的农产品依赖程度亦相对更高，且依赖产品非常集中。

综上所述，土耳其对中国农产品贸易依赖度明显高于中国，且依赖度较高的产品较为集中。肉、鱼、甲壳动物、软体动物及其他水生无脊椎动物的制品等产品主要从中国进口，编制用植物材料、其他植物产品等产品主要出口到中国。

（三）HS四位码分析

此前由二位码来看，出口方面，中国对土耳其出口最多的农产品为油子仁及果实、杂项子仁及果实、工业用或药用植物、稻草、秸秆及饲料（HS12），其次为谷物（HS10），蔬菜、水果、坚果或植物其他部分的制品（HS20）。下沉到结构层面，即HS四位码来观测，如表9-3所示，HS12出口主要集中于

HS1206 与 HS1212①，其中葵花子（HS1206）为中国对土出口最多的农产品，2019 年出口额为 1.4 亿美元，占对土农产品出口比重为 32.6%，鲜、冷、冻或干的刺槐豆等（HS1212）2019 年出口额为 1 062.9 万美元，占农产品出口比例为 2.5%；HS10 出口集中于稻谷、大米（HS1006），其为中国第二大对土出口农产品，2019 年出口额为 7 294 万美元，占比为 16.5%；HS20 出口主要集中于未发酵及未加酒精的水果汁等（HS2009）和番茄等（HS2002），2019 年出口额分别为 3 009 万美元、772.8 万美元，占比分别为 6.8%、2.4%。

表 9-3　2019 年中国对土耳其出口主要* 农产品（HS 四位码）

HS 编码	产品名称	中国对土耳其出口额（千美元）	占中国对土农产品出口比重（%）
1206	葵花子，不论是否破碎	143 910	32.6
1006	稻谷、大米	72 940	16.5
0802	鲜或干的其他坚果，不论是否去壳或去皮	37 103	8.4
2009	未发酵及未加酒精的水果汁（包括酿酒葡萄汁）、蔬菜汁，不论是否加糖或其他甜物质	30 090	6.8
2309	配制的动物饲料	15 388	3.5
1302	植物液汁及浸膏；果胶、果胶酸盐及果胶酸酯；从植物产品制得的琼脂、其他胶液及增稠剂，不论是否改性	13 396	3.0
0307	带壳或去壳的软体动物，活、鲜、冷、冻、干、盐腌或盐渍的；熏制的带壳或去壳软体动物，不论在熏制前或熏制过程中是否烹煮；适合供人食用的软体动物的细粉、粗粉及团粒	11 375	2.6
1212	鲜、冷、冻或干的刺槐豆、海草及其他藻类、甜菜及甘蔗，不论是否碾磨；主要供人食用的其他品目未列名的果核、果仁及植物产品（包括未焙制的菊苣根）	10 629	2.5
2002	番茄，用醋或醋酸以外的其他方法制作或保藏的	7 728	2.4

数据来源：ITC（https://www.intracen.org）。

注：* "主要"是指中国对土该产品出口金额占对土农产品出口总额比重高于 2%。

---

① 由于中文名称过长，正文以海关编码进行阐述，具体名称见表格内容。

进口方面，此前二位码分析得出，中国进口最多的农产品为蔬菜、水果、坚果或植物其他部分的制品（HS20），其次为食用水果及坚果，甜瓜或柑橘属水果的果皮（HS8），动、植物油、脂及其分解产品，精制的食用油脂，动、植物蜡（HS15）。下沉到结构层面，即四位码观测，如表 9－4 所示，HS20 进口主要集中于 HS2008 和 HS2009，其中 HS2008 为中国对土进口最多的农产品，2019 年进口额为 7 200.8 万美元，占中国对土农产品总进口额的 31%，中国对土耳其 HS2009 进口额为 383 美元，占中国对土农产品总进口额的比例为 1.6%；HS8 进口较为分散，主要为鲜或干的其他坚果等（HS0802）、鲜或干的葡萄（HS0806）、干果等（HS0813）、鲜的杏、樱桃、桃（HS0809），鲜或干的椰枣、无花果、菠萝、鳄梨、番石榴、芒果及山竹果（HS0804），2019 年中国对土进口额分别为 2 668.2 万美元、531.3 万美元、439.6 万美元、420.1 万美元、360.2 万美元，占对土农产品进口比重分别为 11.5%、2.3%、1.9%、1.8%、1.5%。HS15 的进口亦较为分散，主要为其他固定植物油、脂等（HS1515）、葵花油、红花油或棉子油及其分离品（HS1512）、豆油及其分离品（HS1507），2019 年中国对土进口额分别为 752.2 万美元、415.2 万美元、228 万美元，占对土农产品总进口比重分别为 3.2%、1.8%、1%。

表 9－4　2019 年中国对土耳其进口主要[*] 农产品（HS 四位码）

HS 编码	产品名称	中国对土耳其进口额（千美元）	占中国对土农产品进口比重（%）
2008	用其他方法制作或保藏的其他税号未列名水果、坚果及植物的其他食用部分，不论是否加酒、加糖或其他甜物质	72 008	31
0802	鲜或干的其他坚果，不论是否去壳或去皮	26 682	11.5
2004	其他冷冻蔬菜，用醋或醋酸以外的其他方法制作或保藏的，但税号 20.06 的产品除外	24 265	10.4
0308	不属于甲壳动物及软体动物的水生无脊椎动物，活、鲜、冷、冻、干、盐腌或盐渍的；熏制的不属于甲壳动物及软体动物的水生无脊椎动物，不论在熏制前或熏制过程中是否烹煮；适合供人食用的不属于甲壳动物及软体动物的水生无脊椎动物的细粉、粗粉及团粒	14 804	6.4
1404	其他税号未列名的植物产品	7 998	3.4

（续）

HS 编码	产品名称	中国对土耳其进口额（千美元）	占中国对土农产品进口比重（%）
1515	其他固定植物油、脂（包括希蒙得木油）及其分离品，不论是否精制，但未经化学改性	7 522	3.2
1605	制作或保藏的甲壳动物、软体动物及其他水生无脊椎动物	6 938	3.0
1905	面包、糕点、饼干及其他烘焙糕饼，不论是否含可可；圣餐饼、装药空囊、封缄、糯米纸及类似制品	5 733	2.5
0806	鲜或干的葡萄	5 313	2.3
0713	脱荚的干豆，不论是否去皮或分瓣	5 155	2.2
1902	面食，不论是否煮熟、包馅（肉馅或其他馅）或其他方法制作，例如，通心粉、面条、汤团、馄饨、饺子、奶油面卷；古斯古斯面食，不论是否制作	5 034	2.2
1806	巧克力及其他含可可的食品	4 983	2.1

数据来源：ITC（https://www.intracen.org）。

注：＊"主要"是指中国对土该产品进口金额占对土农产品进口总额比重高于2%。

同时，分析中土 HS 四位码农产品贸易情况可得知，中国对土农产品出口较为集中，而进口较为分散。以贸易金额占对土农产品贸易总金额比重高于 2%观测，出口产品共有 9 项，而进口有 12 项。以 HS 四位码产品贸易集中度（CR）观测，中国对土农产品出口 CR5 为 67.8%，对土农产品进口 CR5 为 62.7%。

综上所述，从产品层面看，植物产品与动物产品为中土贸易的主要农产品，中国对土出口呈顺差，且出口产品相对集中，进口产品较为分散。其中，中国与土耳其各自的主要出口农产品类别不一，两国在农产品贸易上既存在互竞性又存在互补性。中国出口集中在油子仁及果实等（HS12），谷物（HS10），蔬菜、水果、坚果等（HS20）；土耳其出口集中在蔬菜、水果、坚果等（HS20），食用水果及坚果（HS8），动、植物油、脂等（HS15），双方在蔬菜、水果、坚果等（HS20）存在一定的竞争性，但双方农产品的贸易互补性未能得到充分发挥，中土两国农产品贸易仍然具有极大的增长潜力。双方急需加强在农产品贸易上的合作，促进农产品贸易结构合理化，带动中土农产品贸易规模扩大，尽早实现贸易平衡，推动中国与土耳其农产品贸易健康、持续发展。

第二节　农业贸易政策

贸易政策为影响国际贸易的重要变量。其中，贸易自由化和贸易便利化政策会促进双边乃至多边的互联互通，而贸易壁垒会对贸易形成阻碍。中土两国正积极通过贸易政策推进双边贸易的发展，但亦存在部分贸易壁垒。

一、农产品贸易便利化政策

贸易便利化政策通过削减贸易与非贸易壁垒，促进贸易的形成与发展。中国与土耳其均在积极推行贸易便利化政策，将对双边贸易往来形成持续推动力。下文对双方政策予以梳理与分析。

（一）基础设施建设

中土两国虽然地理距离较远，但贸易基础设施较为完善。中土双方均积极增强基础设施建设，缩短运输壁垒，从而降低贸易成本，这对中土双边农产品贸易的发展起到了重要的支撑作用。

根据世界银行最新数据，截至 2018 年年底，土耳其公路总长达 24.43 万千米，全境铁路总长为 12 740 千米，其中高铁 1 213 千米，客运量 326.9 万人次，货运量 2 843 万吨。航空方面，土耳其现有 55 个民用机场，其中 23 个向国际航班开放，其运输量和运输能力增长在欧洲名列前茅，航空货运周转量为 5 949 百万吨/千米。水运方面，土耳其北、西、南三面环海，还有达达尼尔海峡和博斯普鲁斯海峡，海岸线长达 7 200 千米，这使其海上运输颇具竞争优势，港口集装箱吞吐量为 994 万 TEU[①]。网络方面，土耳其互联网用户占总人口比重达 73.98%，宽带用户数为 17 人/百人。

土耳其政府进一步对基础设施建设进行了长期规划，在土耳其《2023 年发展规划》中，政府计划在 2023 年前建成 3.65 万千米双线车道、7 500 千米高速公路和 7 万千米沥青公路。铁路方面，土耳其政府规划在 2023 年前建成

---

① TEU：Twenty-feet Equivalent Unit 的缩写，是以长度为 20 英尺的集装箱为国际计量单位，也称国际标准箱单位。通常用来表示船舶装载集装箱的能力，也是集装箱和港口吞吐量的重要统计、换算单位。

总长为 2.5 万千米的铁路网络，包括新建铁路 1.3 万千米（包括 3 500 千米高速铁路、8 500 千米快速铁路和 1 000 千米传统铁路）和对现有铁路中的 4 400 千米进行改造升级，将铁路承运旅客、货物比例分别提高到 10% 和 15%。推动土耳其与高加索、中东和北非的铁路项目，并将铁路连接到全国主要港口。管道方面，将全国输送管道长度增加至 6.07 万千米。港口方面，在爱琴海、地中海、马尔马拉海和黑海建设转运港，努力建成至少一个世界级大港口，提供 3 200 万 TEU 集装箱的运输处理能力，能够处理 5 亿吨固体和 3.5 亿吨液体。码头方面，在全国范围建设 100 个码头，容量达到 5 万艘游艇。

中国方面也在不断提高基础设施建设，并通过"一带一路"倡议不断建立与"一带一路"国家的设施联通，形成更加方便快捷的贸易和运输网络。根据世界银行最新数据，2018 年中国铁路总里程达 67 515 千米，货运周转量为 2 248 435 百万吨/千米。港口集装箱吞吐量为 2.25 亿箱。截至 2019 年年底，中国共有颁证运输机场 238 个，年旅客吞吐量 100 万人次以上的运输机场 106 个，航空货运周转量为 25 256 百万吨/千米。网络方面，互联网用户占总人口比重达 54.3%，宽带用户数为 31 人/百人。

在公路、铁路、空路、水运、网络等各个方面，双方基础设施建设均较为完善，对国际贸易的开展起到了明显的促进作用，并对地理距离遥远的负面影响形成一定弥补。2017 年，中土双方签署了《中华人民共和国政府和土耳其共和国政府国际道路客货运输协定》，该协定不仅明确中土两国运输车辆可到达对方境内和过境对方领土，还允许两国运输车辆从第三国进出对方领土的运输。该协定的签署进一步打通了中国与欧洲的国际道路运输通道，推进了"一带一路"沿线国家之间的国际道路运输便利化，从而有助于加强中土贸易往来。

（二）海关效率

土耳其政府海关和贸易部发起的"新丝绸之路"计划，主要目的是通过简化和协调海关程序，提高海关效率，促进丝绸之路沿线边境口岸贸易便利化，形成一条可以吸引外国商人的商业路线，中国作为土耳其的重要合作伙伴，该计划也进一步促进了双边的贸易往来。其中"驿站项目"是落实土耳其"新丝绸之路"计划的具体举措，旨在通过加强沿线海关部门和企业之间的合作，提高通关效率，实现地区贸易高效安全的"互联互通"。

中国在提高海关效率方面的措施较多，其中主要包括：第一，大力压缩货物进出口整体通关时间。通过深化海关业务改革，完善容错机制，不断推广进出口货物"提前申报"。从 2020 年 1 月 1 日开始，海关又在全国推广实施了进口货物"两步申报"试点改革，报关单平均通关时间 28 小时，比平均整体通关时间要少。在农产品贸易领域，中国海关也在不断优化通关流程，试点进口货物"船边直提"和出口货物"抵港直装"，其中将进口棉花的品质检验由逐批实验室检测调整为依企业申请实施。以棉花为例，新措施实施之后，平均通关时间缩短到半天。第二，加强跟境外海关开展经认证的经营者（AEO）互认合作。目前，中国海关已与 15 个经济体的 42 个国家和地区签署了 AEO 互认合作协定，其中包括 18 个"一带一路"沿线国家，互认国家和地区的数量居全球第一，但遗憾的是，与土耳其之间还未形成相关的协议。第三，着力提升口岸通关的信息化智能化水平。扩大智能审图应用范围，增加智能审图商品识别品种，尤其是针对生鲜产品，进一步提高查验效率。推广新一代税费电子支付系统，实现税费秒级缴纳、税单流转全程无纸化，减少单证流转环节和时间。第四，大力精简进出口环节监管证件和随附单据。全面推广电子报关委托，企业在进出口申报环节免予提交发票、装箱单等随附单据。

中土在促进海关效率提升方面采取的措施进一步简化了贸易流程，降低了贸易成本，尤其是其中部分涉及农产品和生鲜产品的优化措施，对促进双边农产品贸易起到了积极的作用。

（三）营商环境

中土在优化营商环境、促进农产品贸易方面均积极施策，为双边贸易奠定了良好的基础。

1. 中国相关政策

改革开放以来，中国对农业高度重视，积极推行贸易便利化政策，积极扫除农产品贸易壁垒，促进与各国农产品贸易的开展。其中，中国主要采取了以下五个方面的农业贸易政策。一是取消了进口许可、数量限制等非关税措施，逐步降低农产品关税。2004 年农产品平均关税税率由加入世界贸易组织（WTO）前的 21％降到 15.8％，随后进一步降低到 15.2％。二是对粮棉油糖等 10 种大宗农产品实行关税配额管理，不断完善配额管理制度，扩大向非国有企业的配额发放比例，配额内实施关税为 1％～15％。2006 年起取消了对植物油的关税配额管理，实行 9% 的单一关税。三是取消了所有农产品的出口补贴，转而实施对贸易无扭曲作用或扭曲作用最小的国内支持政策。四是积极开展了农业法律法规的清理和修订工作，废除了与 WTO 规则不一致的规章和文件，修改了相关法律，各项法律法规的实施更加透明。五是对进口动植物产品使用科学的检验检疫标准。在国内支持政策方面，结合 WTO 相关规则和农业经济方针的需要，对"黄箱政策"和"绿箱政策"进行适当调整。

2. 土耳其相关政策

土耳其贸易部制定了一系列贸易便利化政策，促进农产品贸易的发展。其中对中土之间农产品贸易影响较大的有：第一，采用进口加工机制。作为出口支持制度的替代，进口加工机制使土耳其生产商和出口商可以依据商务政策措施，免征关税获取用来生产出口产品的原材料、中间半成品。这一制度的实施促进了中土之间相关产品的贸易往来。第二，采用关税暂缓制度。出口商进口时可以不付进口税和增值税即可进口原材料，生产加工再出口。第三，退税制度。产品进口所付的税费在履行出口诺言后可以退税。土耳其农产品贸易的这一系列措施为双边贸易奠定了良好的基础。

（四）政策沟通与合作

当前，中国积极开展"一带一路"建设，辅助以中国国际进口博览会等途径，参与到世界农产品贸易分工网络中。随着中国农产品贸易的扩大开放，中土贸易发展亦可期。

第一，中土积极推进"一带一路"建设，促进贸易互联互通。2015 年 11 月 14 日，中土两国元首共同见证了关于共推"一带一路"建设的谅解备忘录，以及基础设施、进出口检验检疫等领域合作协议的签署。在"一带一路"建设框架下，中土在农产品贸易领域展开了广泛合作，特别是在乳制品贸易领域达成了诸多协议。

第二，中土积极开展贸易往来。从 2005 年开始，土耳其开始推行全方位的对华经贸发展政策，土耳其外贸部还专门推出了"中国市场促进计划"，通过在中国举行贸易洽谈会、派出贸易代表团、在北京设立贸易商会办事处等一系列举措促进对华贸易，减少贸易逆差。2015 年起，中土开始协商乳制品的双边贸易。当年 11 月 14 日的二十国集团（G20）领导人峰会期间，中国与土耳其签署了关于从土耳其出口到中国的牛奶和乳制品的兽医和卫生条件的议定书。2018 年，中国海关总署技术团队也来到土耳其，实地考察了这些企业。2020 年夏天，土耳其樱桃大批量对华出口，开心果对华出口协议已经达成，并开始企业注册。2020 年 5 月底，中国海关总署网站上公布了中国与土耳其双方同意的兽医健康证书，以及 54 家获准向中国出口一般乳品资质的土耳其公司名单，土耳其乳制品进入中国市场。

第三，中土积极推进基础设施建设与货币互换的协作，推动贸易便利化。2010 年中国与土耳其宣布建立战略合作伙伴关系，在基础设施等领域签订了多项协议，并且达成了货币互换协议，贸易结算使用中土两国的货币来进行，通过优化货币流通环境来促进贸易发展，计划将双边贸易额从 2010 年的 170 亿美元增加到 2020 年的 1 000 亿美元。2015 年，中国人民银行与土耳其中央银行续签了双边本币互换协议，互换规模由 2012 年的 100 亿元人民币/30 亿土耳其里拉扩大至 120 亿元人民币/50 亿土耳其里拉，有效期仍为 3 年，经双方同意可以展期。互换协议的续签有利于双边贸易和投资，加强两国央行的金融合作。2015 年 5 月 25—26 日，土耳其交通部公路局局长穆斯塔法率团访问中国，并在北京与中国交通运输部签署了《国际公路运输协议草案》。2015 年 11 月，中土签署了《关于在铁路领域开展合作的协定》。

二、贸易壁垒

事实上，由于中土贸易之间的不平衡等因素，除了上述双方促进贸易便利化的政策措施外，中土各自亦存在部分农业贸易壁垒，这也是双边农产品贸易进一步深化和扩展的主要障碍。

(一) 关税壁垒

1. 中国对土耳其的农产品关税

中国对土耳其的农产品进口关税相较土耳其对中国的征收水平更高。从农产品整体加权进口关税角度分析，如图 9 - 3 所示，2010—2018 年中国对土耳其农产品进口关税基本维持在 14% 左右，2017—2019 年进口关税水平不断下降，2019 年下降为 11.78%，较 2018 年下降 12.22%。随着近年来中国在农产品贸易领域的不断改革和开放，中国在农产品领域的进口关税不断下降，农产品贸易自由化程度不断提高，但就中土双边农产品贸易来说，两国仍有较大的贸易空间。

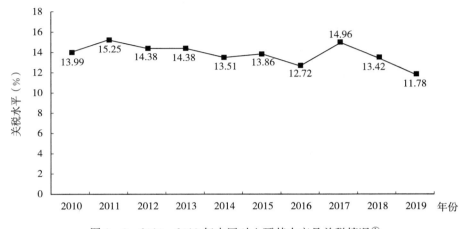

图 9 - 3　2010—2019 年中国对土耳其农产品关税情况①

数据来源：世界银行 WITS 数据库（https：//wits. worldbank. org/）。

按照海关两位编码，2019 年中国对土耳其不同细分农产品的进口关税情况如表 9 - 5 所示，中国对土耳其农产品进口关税相对不高，在 24 项农产品中有 8 项进口关税在 10％以下，仅有 1 项关税水平在 50％以上。其中，进口关税最高的为烟草及烟草制品（HS24），制粉工业产品（HS11），咖啡、茶、马黛茶及调味香料（HS09），加权进口关税分别为 57％、35.13％和 15.08％。中国自土耳其进口额较大的蔬菜、水果、坚果等（HS20）、食用水果及坚果等（HS08）、动、植物油、脂等（HS15）被征收的关税水平分别为 5.2％、13.08％和 11.13％。如果中土双方能够在双边重要农产品进一步降低关税，可能会促进双边贸易发展。

表 9 - 5　2019 年中国对土耳其农产品进口关税

产品编码	产品名称	关税水平（％）
HS24	烟草、烟草及烟草代用品的制品	57.00
HS11	制粉工业产品；麦芽；淀粉；菊粉；面筋	35.13
HS09	咖啡、茶、马黛茶及调味香料	15.08
HS04	乳品；蛋品；天然蜂蜜；其他食用动物产品	15.00

①　上述关税指实际应用进口关税（AHS），是以贸易额为权重计算的加权进口关税。其中 2012 年、2013 年没有关税数据，取前后两年的均值作为当期的数据。

（续）

产品编码	产品名称	关税水平（%）
HS06	活树及其他活植物；鳞茎、根及类似品；插花及装饰用簇叶	14.49
HS08	食用水果及坚果；柑橘属水果或甜瓜的果皮	13.08
HS17	糖及糖食	12.72
HS12	含油子仁及果实；杂项子仁及果实；工业用或药用植物；稻草、秸秆及饲料	12.34
HS15	动、植物油、脂及其分解产品；精制的食用油脂；动、植物蜡	11.13
HS21	杂项食品	10.91
HS19	谷物、粮食粉、淀粉或乳的制品；糕饼点心	10.01
HS13	虫胶；树胶、树脂及其他植物液、汁	10.00
HS18	可可及可可制品	8.22
HS03	鱼、甲壳动物、软体动物及其他水生无脊椎动物	7.75
HS20	蔬菜、水果、坚果或植物其他部分的制品	5.20
HS16	肉、鱼、甲壳动物、软体动物及其他水生无脊椎动物的制品	5.00
HS23	食品工业的残渣及废料；配制的动物饲料	5.00
HS22	饮料、酒及醋	4.22
HS14	编结用植物材料；其他植物产品	4.01
HS07	食用蔬菜、根及块茎	3.55

数据来源：世界银行 WITS 数据库（https://wits.worldbank.org/）。

2. 土耳其对中国的农产品关税

土耳其对进口产品征收 5 种税费：海关关税、货物税、民众住宅基金税（针对鱼类产品）、特别消费税和增值税。其关税结构分为 5 种：从价税率、从量税率、混合税率、复合税率和形式税率。

聚焦到农产品贸易，2010—2019 年土耳其对中国农产品整体的加权进口关税情况如图 9-4 所示，2010—2018 年关税水平相对平稳，农产品进口关税维持在 20％左右，但 2019 年受中土农产品贸易结构调整和农产品市场震荡影响，土耳其对中国农产品的进口关税在 2019 年达到 31.73％，较 2018 年增长了 58.57％，这也可能是导致前文所述中土之间 2019 年农产品贸易额下降的重要原因。

按照海关两位编码，2019 年土耳其对中国不同细分农产品的进口关税情况如表 9-6 所示，土耳其对中国农产品普遍征收较高关税，在 24 项农产品中有 11 项进口关税超过 20％，其中有 4 项高达 80％以上。进口关税最高的为肉及食用杂碎（HS02），征收进口关税为 166.18％；其次为糖及糖食（HS17），

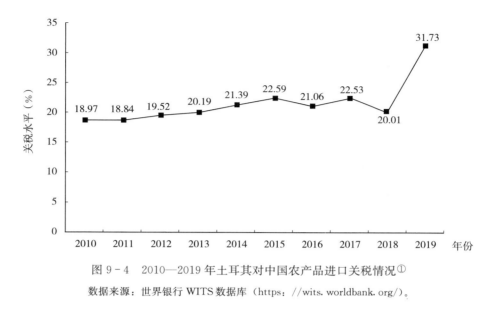

图 9 - 4　2010—2019 年土耳其对中国农产品进口关税情况①

数据来源：世界银行 WITS 数据库（https：//wits. worldbank. org/）。

蔬菜、水果、坚果等（HS20），肉、鱼、甲壳动物、软体动物等（HS16），进口关税分别为 84.31％、81.09％和 80％。中国对土耳其出口占比最高的谷物（HS10）、油子仁及果实等（HS12）和可可及可可制品（HS18）被征收的进口关税分别为 45.02％、16.78％和 8％，土耳其对谷物等重要农产品的关税保护相对较高。此外，土耳其政府实际在国内丰收季节或农产品库存较高时还经常大幅提高进口农产品的关税水平，并且采用混合型关税升级保护国内特定产业。这在一定程度上阻碍了中土之间农产品贸易自由化。

表 9 - 6　2019 年土耳其对中国农产品进口关税

产品编码	产品名称	关税水平（％）
HS02	肉及食用杂碎	166.18
HS17	糖及糖食	84.31
HS20	蔬菜、水果、坚果或植物其他部分的制品	81.09
HS16	肉、鱼、甲壳动物、软体动物及其他水生无脊椎动物的制品	80.00
HS10	谷物	45.02
HS09	咖啡、茶、马黛茶及调味香料	39.44
HS03	鱼、甲壳动物、软体动物及其他水生无脊椎动物	36.05

---

　　① 上述关税指实际应用进口关税（AHS），且以贸易额为权重计算的加权进口关税。其中 2012 年、2014 年没有关税数据，取前后两年的均值作为当期的数据。

（续）

产品编码	产品名称	关税水平（％）
HS07	食用蔬菜、根及块茎	25.61
HS24	烟草、烟草及烟草代用品的制品	25.21
HS04	乳品；蛋品；天然蜂蜜；其他食用动物产品	23.35
HS21	杂项食品	22.74
HS08	食用水果及坚果；柑橘属水果或甜瓜的果皮	19.30
HS22	饮料、酒及醋	16.98
HS12	含油子仁及果实；杂项子仁及果实；工业用或药用植物；稻草、秸秆及饲料	16.78
HS06	活树及其他活植物；鳞茎、根及类似品；插花及装饰用簇叶	11.23
HS15	动、植物油、脂及其分解产品；精制的食用油脂；动、植物蜡	9.86
HS19	谷物、粮食粉、淀粉或乳的制品；糕饼点心	8.67
HS11	制粉工业产品；麦芽；淀粉；菊粉；面筋	8.36
HS18	可可及可可制品	8.00
HS13	虫胶；树胶、树脂及其他植物液、汁	6.63
HS23	食品工业的残渣及废料；配制的动物饲料	6.12
HS05	其他动物产品	0.19
HS14	编结用植物材料；其他植物产品	0

数据来源：世界银行 WITS 数据库（https：//wits.worldbank.org/）。

（二）非关税壁垒

农业非关税壁垒方面，土耳其主要有反倾销与反补贴、进出口检验检疫、进出口限制。

第一，反倾销与反补贴。土耳其实施反倾销与反补贴的法律依据是 1989 年生效的《进口不公平竞争保护法》及相关法令和规定；2004 年生效的《进口保护措施法规》和《进口保护措施实施条例》是实施保障措施调查的法律依据。

第二，进出口检验检疫。土耳其进出口检验检疫相关的立法有《卫生法》《农业检疫法》《动物卫生检验法》《食品的生产、消费和检验法令》《水产品法》《土耳其食品药典法规》。土耳其规定，药品、化妆品、清洁剂、食品等进口产品，必须经卫生和健康检验方能批准进口。进口农产品和食品需提交由土耳其农业与农村事务部签发的检验证书，进口医药产品、化妆品、清洁剂需提交卫生部签发的检验证书。进口商为取得上述检验证书需向上述相关部门提交下列文件：由生产国有关机构出具的卫生证书、分析证书、产品含量清单、动物血缘关系证书和辐射分析报告（依不同产品所需证书不同）及形式发票。上述文件必须是出口国的正本文件并附有土耳其语译文。进口商需在进口前取得上述检验证书并在进口时向海关申报，证书的有效期依产品而定，一般是4～12个月。土耳其政府不断调整其卫生和检验检疫的法律、法规，向欧盟相关规定靠拢，有些甚至直接照搬欧盟的法规，如欧盟关于包装材料和特殊营养价值食品的法规。2006年1月24日，中国和土耳其在北京签署了《中土两国政府关于动物检疫及动物卫生的合作协定》。根据协定，双方将采取措施，防止因跨境运输与动物有关的检疫物和可能携带病原的物体将动物传染病和寄生虫病从缔约一方领土传到缔约另一方领土。中国希望加强双方在卫生检疫技术和信息方面的合作，增进双方专业技术人员在法律法规、国际标准、管理体制方面的交流。

第三，进出口限制。出于环境、公共安全、健康等因素的考虑，土耳其限制进口麻醉剂、大麻、鸦片、消耗臭氧物质、蚕卵和用于农业的任何种类土壤、茎、叶、秆、自然肥料、游戏机、违反《保护工业知识产权国际公约》的产品等11大类产品。根据2005年土耳其外贸标准公报，土耳其对下列产品实施进口许可：新鲜水果和蔬菜或干果、豆类、食用蔬菜油及棉花等农产品，固体燃料、废物、废金属、制药产品、药品、清洁剂、食品、农业及动物产品、兽药产品、某些化学品、烟草及制品和酒精饮料。土耳其于2004年先后颁布了《与进口监管执行相关的法令》和《进口监管实施法规》，作为对进口产品实施监管的法律依据。当一种产品的进口对国内生产相同产品或直接竞争产品的生产商造成损害威胁，同时因国家利益又需要进口该种产品时，土耳其外贸署进口总司根据申请或自行对某一产品做出监管决定，监管产品进口时除须具备依据海关法规所规定的文件外，还须出具进口总司颁布的监管产品进口许可证。土耳其禁止出口下列产品：历史文化作品，自然动物，印度大麻，烟草植物，安卡拉山羊，所有的野生及狩猎动物（允许出口产品清单上的除外），某些植物如胡桃、桑树、樱桃树、李子、紫杉、岑树、榆树、菩提树，《保护臭氧层维也纳公约》所列产品，禁止出口的开花植物的球茎，木柴和木炭，亚洲苏合香，某些化学品等。

第三节　农业投资

一、农业投资环境

中国与土耳其的政治、经济、文化环境有利于双边投资的开展。

（一）政治环境

土耳其是北约成员国及欧盟候选国，同时也是经济合作与发展组织（OECD）创始成员国及 20 国集团的成员国，其目前已参与的国际组织主要有：联合国、世界贸易组织、世界银行、OECD、北大西洋公约组织、20 国集团、欧洲理事会、欧洲安全与合作组织、黑海经济合作组织、东南欧合作进程等。

具体到中土双边层面，土耳其与中国的政治关系也日渐紧密。1971 年 8 月 4 日，中国与土耳其建交。20 世纪 80 年代以来，两国高层互访增多，双边关系发展较快。2012 年，中国在土耳其举办中国文化年；2013 年，土耳其在中国举办土耳其文化年；2018 年，土耳其在中国举办土耳其旅游年。总的来说，中土政治环境相对稳定，对投资呈正面效应。

（二）经济环境

经济环境关乎投资收益，对投资的形成产生重要影响。作为世界第二大经济体，中国经济处于转型升级当中，对外资的吸引力与"走出去"的能力在稳步提升。土耳其方面，经济环境对投资较为友好，几乎所有的国际排名中，土耳其经济均处于中等偏上的层次。在世界银行《2019 年营商环境报告》排名中，土耳其在 190 个经济体中位列第 43 位，其中在纳税指数方面位列第 80 位。在世界经济论坛发布的《2018 年包容性发展指数》中，土耳其在 77 个新兴经济体中位列第 16 位。在世界经济论坛发布的《2018 年全球竞争力指数》中，土耳其在参与评选的 140 个国家和地区中位居第 61 位。在美国传统基金会公布的《2019 年经济自由指数》中，土耳其在全球 180 个经济体中排名第 68 位。

不过，土耳其经济亦有部分风险存在，主要在信用、外汇等方面。2020

年以来，土耳其信用有所下调。标准普尔对土耳其主权信用评级为 B+，展望为稳定；穆迪对土耳其主权信用评级为 B1，展望为负面；惠誉评级对土耳其主权信用评级为 BB−，展望为稳定。外汇方面，土耳其无外汇管制，居民可自由持有外币，在银行、授权组织、邮政局和贵重金属经纪机构购买外汇，这可能带来一定外汇风险。

总体来看，土耳其投资合作环境仍然具有以下几方面优势：经济总量迅速上升；经济前景依然光明；区位优势继续凸显；本地市场日趋扩大；海外市场日渐广阔；劳动力供应充足，素质较好。在经济较为稳定之下，营商环境有提升空间，有开展投资的潜力，不过要注意风险的把控。

（三）文化环境

文化环境关乎投资稳定性。中土文化距离较远，但正在改善。文化环境也是中土未来可能的增长点之一。近年来，随着中土战略合作关系特别是经贸关系的快速发展，汉语已成为当地流行的主要外国语之一。文化亦成为影响中土投资的重要变量之一。

二、农业投资便利化政策

土耳其外商直接投资事务由贸易部主管。土耳其的外国投资立法主要包括第 5084 号《鼓励投资和就业法》、第 4875 号《外国直接投资法》、外国直接投资管理条例、多边和双边投资公约、各种法律以及促进行业投资的相关规章。土耳其《外商直接投资法》对外国投资者和外商直接投资进行了定义，对外商直接投资的重要原则做出了解释。

农业投资方面，土耳其出台了诸多鼓励政策，有利于吸引中国农业企业赴土开展投资，促进双边农业投资的发展。

第一，《外国投资奖励法》规定，如外国农业投资申请经批准并取得"奖励证明"，年固定资产投资额 40%，养殖渔业投资额 100%，能从法人税中予以扣除；凡政府鼓励的农业投资项目，因生产需要所进口的生产资料其进口税可减免 40%。根据法律规定，农业、家畜、孵化场等产业，当投入的固定投资总额为 30 亿土耳其里拉以上时，最低的自有资本比率为 35%，符合这一规定时，可享受免纳租税、关税等的优惠。

第二，中国农业企业进入土耳其，若符合标准可享受国民待遇。土耳其投资立法符合国际标准，对外国资本的参与没有限制，在投资行业上外资与本土企业享受同等待遇（国民待遇）。土耳其所有向内资开放的行业都向外资开放。外资企业可以聘请外籍经理和技术人员。20 世纪 80 年代中期以来，土耳其推行自由和开放的经济政策。土耳其政府对外资法进行重大修改，简化外资政策和行政手续，积极吸引外资。土耳其贸易部负责审批外资，审批机构是日常性的，并无歧视性。国内投资无须审批。土耳其外资政策的主要原则是平等待遇，即外国投资者具有同本国投资一样的权利和义务（外资审批程序除外）。企业一旦建立，即可完全享受国民待遇。

第三，土耳其中小企业优惠待遇，鉴于农业企业以中小型居多，有望享受减税等红利。中小型企业定义为员工人数少于 250 人，且每年的收入或营业额少于 4 000 万土耳其里拉的公司。土耳其针对中小企业的激励措施包括免征关税、免征进口和国内购买的机械和设备的增值税、来自预算资金的信贷发放、信贷担保支持等。从事农业的中小企业可享有海关免税、增值税免税、利率支持等优惠。

第四，土耳其设立经济特区，为中国农业企业提供了理想的投资地点。为了扩大出口投资和生产，加速外国资金和技术的引进，提高经济收入，加强对贸易机会的利用，土耳其于 1985 年通过了自由经济区法第 3218 号法案。土耳其自由经济区为外国投资者提供了优惠的投资政策，包括 100% 的资本汇回和 100% 的外资经营。土耳其自由经济区对本国的公司和外国的公司同等对待，提供同样的优惠政策。土耳其自由经济区内允许从事各种活动，包括生产、存储、包装、一般贸易、银行业务。投资者可不受任何约束地创建他们自己的设施，经济区还为投资者提供办公场地、生产车间或仓库，政策对投资者非常有利。各领域的活动都向土耳其和外国公司开放。

中国与土耳其双边投资方面，1990 年 11 月 13 日，中国与土耳其签署了《相互促进与保护投资协定》。1995 年 5 月 23 日，中国与土耳其签订了《关于对所得税避免双重征税和防止偷漏税的协定》。2020 年 11 月 10 日，中国与土耳其达成一项关于鼓励和相互保护投资的协定，规定了双方公司享受不低于给予第三国国民或公司的投资待遇等一系列投资便利化措施，为双方农业投资削减了壁垒。这些投资便利化政策将对中土之间的农业投资产生促进作用，鼓励企业更多地"引进来"与"走出去"，进而促进双边的投资交流。

三、农业投资壁垒

土耳其对外商投资也设有诸多壁垒，不利于双边农业投资的开展。一是反垄断规定严苛，对中国农业企业进入形成阻碍。土耳其关于反垄断和经营者集中的法律为《保护竞争法》。其中值得一提的是，关于企业间的协同行为，与其他国家或地区普遍采用事实推定的方式不同，土耳其采用法律推定形式。《保护竞争法》第 4 条第 2 款规定：在无法证明存在协议的情况下，若市场上的价格变化、供求平衡状况或企业的经营区域与竞争受到阻碍、扭曲或限制市场上的相似情形，则可推定企业间存在协同行为。这无疑给企业增加了更大的举证责任。二是税负壁垒。在土耳其，所有收入都须征收所得税，其中包括在土耳其境内的国内以及国外个人和公司的收入。土耳其非常住居民在土耳其境内通过工作、财产所有权、商业交易或任何其他活动所产生的收入，也需征收所得税。在土耳其，企业营业利润所得税征收的基本税率是 20％，个人所得税税率为 15％～35％。这些投资壁垒都是后续中土双边农业投资便利化努力的方向所在。

四、农业投资展望

总量层面来看，中国与土耳其的投资金额不大，主要以中国对土投资为主。如图 9－5 所示，2017—2019 年，中国对土耳其对外直接投资（OFDI）分

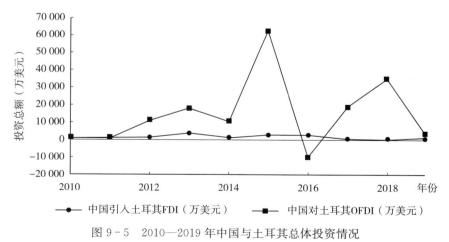

图 9－5　2010—2019 年中国与土耳其总体投资情况

数据来源：商务部《中国外资统计公报》《中国对外直接投资统计公报》。

别为 1.9 亿美元、3.5 亿美元、0.3 亿美元；实际引入土耳其外商直接投资（FDI）分别为 674 万美元、87 万美元、1 123 万美元。相对来说，中国引入土耳其 FDI 的速度在提升，OFDI 波动较大。

目前，中国企业在土耳其投资主要集中在制造业、矿产开发、基础建设等第二产业以及第三产业中的批发与零售等，在电信、金融、交通、能源、采矿、制造、农业等领域居多，其中在能源领域的竞争较为激烈。商务部所采用的农业对外直接投资领域包括种植业、林业、园艺业、渔业、畜牧业、农林牧渔服务业等种养殖业及其相关服务业，以及农副产品加工业、饮料加工业、食品制造业和皮革、烟草业制造、羽毛（绒）、毛皮及其制品业在内的农产品加工业领域。这些领域均不是中土当前投资的重点。相对来说，双方目前农业投资规模不大，仍在发展初期。展望未来，随着中土在农业领域合作的加深，中土农业投资潜力巨大，有望得到长足发展。

第十章
CHAPTER 10
土耳其农业发展的经验和启示 ▶▶▶

过去的三四十年，土耳其充分利用独特的气候和自然资源带来的生物多样性，大力发展农业生产，形成了独特的农业竞争优势。农业成为土耳其最重要的部门之一。农业领域劳动力约占全国劳动力的 20%，农业产值约占全球农业总份额的 2%，已经成为继中国、美国、印度和巴西之后的全球第五大蔬菜和水果生产国、世界第七大农业生产国。

第一节　土耳其农业发展的经验

一、因地制宜探索农业发展

（一）特色农业发展模式——农业流域模式

首先，从农产品生产种类来看，由于土耳其七大区域地形气候多样，因而形成了不同的农产品生产区域。土耳其因地制宜发展特色农业，并通过特色农产品推介促进了农产品进出口贸易。其中棉花、烟草、水果、坚果与干果、羊毛、蜂蜜等已经在国际市场形成了独特的竞争力。

其次，从农业生产技术角度，为解决水资源地区和时空分布不均，土耳其大力发展灌溉农业，通过加大灌溉基础设施投资、开发区域综合治理项目等，将农业发展弱势转化为发展优势，极大降低了水资源短缺问题对农业生产的影响，为促进农业可持续发展，提高农业发展活力提供了保障。

最后，从农业生产模式角度，为提高农业资源利用率和农产品产量，土耳其政府调整农业结构和支持政策，在土地整合的基础上，采用了因地制宜的生产模式——农业流域模式。该模式以不同的自然流域为基础，通过对气候、土壤和地形数据的评估确定了 30 个农业区域。政府根据不同区域的生态资源和市场生产需求制定不同的发展战略，并定期对区域内的生产数据进行统计，根据农业基本情况，以市场需求为导向进行农业生产内容和规模的调整，实时规划引导产品生产。同时，同一地区会采用混合农业生产方式，这一方面提高了农业生产的多样性，另一方面提高了农业生产对不同气候的适应性，降低了国内农产品市场风险。这种因地制宜的农业生产模式和配套政策引导成为土耳其农业高速发展的关键。

（二）农业创新发展——产业竞争力

土耳其农业产业竞争力居于世界前列，是世界上少数不依赖进口即可自给自足并实现出口外销的国家。其中土耳其一系列创新手段是提高农业竞争力的关键。土耳其农业产业创新主要分为制度、技术、市场三个维度。

制度层面，创新农业生产合作社制度，一改过去政府主导的模式，充分发挥市场调节作用，促进合作社的生产与发展，激发农业经济市场活力。在全国范围内建立了以农业技术研究、农业技术应用教学、农业技术推广三者为核心的"三位一体"农业推广体系，形成了关注产业链全流程的农业综合服务，为进一步扩大农业产业发展规模、提高产业适应力提供了坚实的保障。

技术层面，有机农业、生态农业、节水农业等领域的技术创新，推动了土耳其跨越式发展和可持续发展；在农业机械、农药化肥、加工包装、储藏运输等产业链各环节的技术创新推动了土耳其规模农业和集约型农业的发展，有效促进了农业生产的提质增效。

市场层面，将农业市场标准与国际接轨，在农业物资的研发、生产和销售环节制定了较为完善的审批制度，提高农产品流通速度，同时促进出口农产品种类和目的国多元化，分散市场风险。

土耳其农业创新充分调动了创新主体积极性，促进了农业生产体系的完善，提升了农业生产的整体产量规模、综合产出水平和整体效率，是土耳其农业产业走向国际舞台、形成具有比较优势的产业发展格局的重要举措。

二、合理的农业补贴和保护政策

为支持农业发展，土耳其政府投入了大量的资金，用于农业基础设施建设，为农民免费修建水渠、提供滴灌设备等。政府从播种、种植、收获、储藏、灌溉等各个方面给予资金补贴，免费提供农民使用的种子、农业机械用的柴油。除此之外，政府还向农业生产者提供无息或低息贷款，以解决生产资金不足的问题。自 20 世纪 80 年代以来，政府提供的转移支付占农民收入的20%以上，对农业的总支持已高达 GDP 的 4%，近年来有所下降，目前约占GDP 的 1.5%（OECD，2020）[1]。

土耳其的农业政策与经济不同发展阶段相适应，为农业健康发展提供了政策保障。自 2000 年起，土耳其政府提出逐步取消对国民经济构成财政负担而又无法惠及实际生产者的补贴，努力维持以价格为导向的自由市场环境。土耳其农业政策对提高生产力、保证粮食安全以及粮食的稳定供应、提高国家自给自足水平、扩大农产品出口潜力、提供稳定可持续的农业收入、增强农产品的国际竞争力、推动农村发展发挥重要作用。

三、完善的农业科研和推广体系

土耳其农业研究始于 20 世纪 20 年代，特别是 1960 年以来，研究活动在农业生产发展中发挥了重要作用。政府一直在研发基础设施方面进行重要投资，也为研发人员和项目提供充足的资金保障。

农业科研领域范围广。土耳其农业主管部门和农业科技创新主体围绕生物育种、粮食丰产、品质提升、节水农业、数字农业、循环农业、有机农业、动植物疾病防治等领域开展科技攻关，在生物种业、绿色投入品、农业机械、农产品加工、农产品检测等诸多农业科技领域取得了系列科技创新成果，增加了农业技术储备，显著提高了农业生产技术水平。

农业科研组织完善。为了提高产量，开展新的研究，保持农业的可持续发展，土耳其建立了农业科技中心。为了保护和改善生物多样性，建立了一个容量约 25 万种的种子基因库。除此之外，还有植物生物技术中心、国家农民培训中心、GAP 土壤水资源和农业研究所、爱琴海农业研究所植物组织培养中心、三叶草改良和原始种子生产中心等一系列科研机构。

农业科研应用与推广体系完善。土耳其在全国范围内建立了完善的农业科

---

① 数据来源：经济合作与发展组织（OECD），《农业政策监测与评价》（2020 年）。

研、教学和推广"三位一体"的农业推广体系。农业科研提供基础研究成果，农业技术应用通过对农业生产者的教学进行全面示范推广，农民能够及时掌握最前沿的农业生产技术。在此基础上，进一步引导农业生产向规模化、机械化和现代化发展。

四、健全的农业信息服务体系

土耳其建立了较为完善的农业信息系统，包括农业研究子系统和农业推广子系统。农业信息系统高效率地控制与组织最新农业科技研究和产品信息，为农业生产者提供生产全过程的信息服务，目前在农业生产区域划分、农业统计质量改善、农业产量预测、种子资源管理以及农业生态环境保护方面做出了重要贡献。农业信息系统的应用将研发和生产结合在一起，一方面向农民传达农业研究成果和有关农业技术最新发展的信息，另一方面将农民关于生产受限的相关农业信息再反馈给研究机构，提高了农业生产和研发的效率。

为了提高农民的生产能力和水平，并为生产经营者提供咨询和辅助决策方案，及时解决农业相关问题，土耳其建立了农业咨询系统，并且派农业顾问为乡镇农民提供免费咨询服务。除此之外，政府还通过多种渠道向农民提供日常农业信息、文献资料和新闻等信息服务，向生产者传达农业议程和农业生产、食品安全、农村发展的动态等。

五、重视农业可持续发展

为更好地解决生态环境面临的问题，促进农业生态系统可持续发展，土耳其出台了一系列法律法规，并且开展了东南安纳托利亚农业灌溉工程和环境友好型农业用地保护计划等区域性综合治理项目。其做法值得借鉴：第一，政府从国家发展规划进行顶层设计，制定了国家环境保护战略规划，进一步明确相应的目标任务。第二，从生态环境部门职责分工体系、污染监测体系、治理资金投入体系、监管处罚制度体系等方面构建了较为完善的农业生态环境管理体制。第三，积极联合相关国际组织、国内公共机构、私营部门、非政府组织和大学等参与一系列环保项目检测和研发活动，开展了各种数据分析和研究，以加强国家和区域机构应对环境变化影响的能力。第四，积极开展环保教育活动，增强民众的环保意识与法律意识。在上述政策的实施下，土耳其逐渐向农业生态环境可持续发展道路转变。

━━━━ 第二节　土耳其农业发展的启示 ━━━━

随着中国农业供给侧结构性改革的深入推进，农业发展面临着质量变革、效率变革和动力变革等多种任务，土耳其农业发展的经验和教训对中国加快推进农业农村现代化发展具有一定的启示。

一、合理利用资源优势，探索现代农业发展模式

农业对自然资源和生态环境高度依赖，只有坚持因地制宜、适地而种，才能顺应自然规律和经济规律。这就要求必须优化农业生产结构和区域布局，加强粮食生产功能区、重要农产品生产保护区和特色农产品优势区建设。土耳其因地制宜的农业区域模式和制度、技术、市场的配套创新，为我们提供了值得学习借鉴的发展经验。

首先，要将农业科学研究和农业生产紧密联系在一起。在不同区域农业生态资源科学研究的基础上，根据环境承载力和市场需求确定生产种类和规模，并进行动态监测和灵活调整，推动形成主导产业集聚、扶持政策集成、更加科学高效的农业可持续发展模式。

其次，提高农业综合能力必须从创新发展入手。农业要向科技要产能、要质量、要效益，健全农业科技创新和技术推广体系，实施现代种业提升工程，加快推进农业机械化向全程全面高质高效升级，切实把农业发展转到依靠科技创新和劳动者素质提高的轨道上来。同时，在大数据、人工智能、生物防治、物联网等技术不断发展的背景下，要充分发挥技术优势，适当转换农业生产、流通和贸易的模式，提升农产品质量和农业贸易便利化水平。要完善市场标准、创新方式、加强管理，确保真正建成集中连片、设施配套、高产稳产、生态良好、抗灾能力强、与现代农业生产和经营方式相适应的区域农业发展。

最后，要在政府做好规划、引导和政策保障基础上，充分发挥市场在资源配置中的主导作用，激发市场活力。加大在农业资金扶持、技术服务和信息咨询等方面的力度，突出具有比较优势的农业发展重点。

二、完善农业信息服务，提高农业生产率

创新农业经营管理方式。加快培育农民合作社、家庭农场等新型农业经营主体，进一步增强和创新农业合作组织。简政放权，促进农业合作社的市场化，发挥市场在资源配置中的主导作用。增强新型农业经营主体的市场意识，进而优化各类生产要素的合理配置，提高农业全要素生产率和农业生产力水平，促进农民增收。

把握数字时代的机遇，支持农业组织的信息化和制度化，完善农业信息化服务体系。在数字化方面取得进一步进展，需要加强信息基础设施建设和投资。加大对企业家和工人的技能培训，可以通过农业合作组织提供农民培训、农业推广和咨询服务。

三、健全农业保护政策，提高补贴效能

政府部门对农业产业化要积极扶持和引导。土耳其的经验表明，政府部门在推进农业产业化经营的进程中起了不可替代的作用。政府部门通过制定政策、提供低息贷款等措施直接或间接地对农业生产进行宏观调控，引导农业产业化发展，如政府给合作社各种优惠政策、实施农业信贷支持政策、采取低税收优惠政策。因此，要促进农业产业化发展，政府部门要围绕农业高质量发展和绿色发展，制定和落实加快农业产业化经营的有关政策，加大对农业产业化经营的引导和扶持力度。

但在健全保护政策的同时必须审慎制定农业政策，优化政策效果，提高补贴效能。土耳其对农民最重要的支持形式是市场价格支持。这是最扭曲的支持形式之一，也是一种相对低效的支持农民收入的方式。在过去30年中，对生产者的支持一直高于农业总收入的20%。对大多数肉类和禽类生产者提供的加工补贴和出口补贴是通过扭曲市场而产生的。牛肉、葵花籽和马铃薯的单一商品转移占特定商品农业总收入的40%以上。2017—2019年，国内价格比世界价格高出约12%（OECD，2020），对土耳其农产品的国际竞争力产生了一定的负面影响。政策本身是为了解决市场失灵，更好地保护农业发展，所以必须要根据具体的产业发展情况优化政策手段和方式方法，获得最

优的经济效益。

四、加大农业科研投入，加强研发和推广

鉴于农业研发成本及其外部性，政府和公共高等教育部门仍然是主要的执行者，土耳其的农业发展经验提醒我们，农业研发领域要更加重视企业的参与度，积极引导扶持企业发展研发，提高农产品质量。随着中国经济逐步迈进高质量发展阶段，农业转方式、调结构以及转动能的要求更加急迫，农业弱项和短板问题尤为突出。在此背景下，只有依靠农业科技创新，才能转变农业生产方式，优化农业产业结构。因此，必须注重农业技术创新，依靠农业科技进步，实现产出高效、产品安全、资源节约以及环境友好的现代农业发展道路。

具体而言，一方面，要依靠科技的力量来开发、利用原来不能利用的资源，依靠科学技术进步节约生产要素的投入；另一方面，要注重创新机制、激发活力。加强教育，重视科学技术在农业中的应用。应定期进行农业和农村发展支持计划和项目的影响分析，进一步加快科技成果转化。大力推进农业科技成果转化，重点开展农业新技术、新产品、新模式的应用推广。积极开展农业信息化技术、物联网技术研究与应用推广，发展智慧农业。积极开展农业科技产业孵化器创建，加快农业科技成果转化应用能力。

五、加强生态环境保护，促进农业可持续发展

平衡经济利益和农业生态成本，建立与生态、气候相适应的农业发展规划。历史和现实都告诫我们，靠牺牲农业生态环境赢得的农业发展终究是暂时的，最终必将导致不可持续。农业必须走生态经济型的发展道路，平衡生态环境保护与经济效益，因地制宜，选择适合地理条件和土壤条件的生产方式。寻找经济利益和环境利益的平衡，及资源利用与环境保护之间的平衡。为了解决水资源问题发展灌溉农业，土耳其政府曾提出了 GAP 工程，但也因为这项工程所在地的农业生产活动，如灌溉不当、过度使用杀虫剂和肥料、砍伐森林、过度开采、过度放牧、工业化、水和风侵蚀等导致土壤退化、盐碱化以及酸化。虽然水资源管理能造福人类，但不能忽略河流建坝带来的大量负面影响。土耳其的历史经验告诫我们，任何政策的制定必须审慎，一方面平衡经济利益

和环境成本，另一方面考虑政策本身的附带效应，减少负面影响，建立与生态、气候相适应的农业发展规划。

发展农业区域综合治理模式。以区域为基础，以需求为导向，将多部门的人财物集中起来，科学制定实施方案，构建多领域一体化的农业生态环境治理模式。土耳其综合治理模式的成功经验告诉我们，农业生态环境的保护和改善需从生态资源的总量和平衡入手，要树立全局观念，从生态、资源和环境视角综合布局农业产业发展，深入推进农业资源环境的全要素、系统性保护，优化产业综合布局，合理利用不同区域的气候资源等比较优势，因地制宜，统筹安排。

健全环境治理体系和制度。在环境可持续性的背景下，提高农业生产效率是根本，健全的治理体系和明确的法律法规是有效保护农业可持续发展、提高农业生产效率的基础。农业生态环境的公共产品属性显著，因此，一方面需要强化政府在政策扶持、规范管理、公共服务等方面的主导作用；另一方面需要建立有效的市场主体激励机制，引导消费和生产向着绿色、可持续的方向发展。土耳其在建设农业污染监测和核查体系、农业生态环境治理资金投入体系、监管处罚制度体系，为农民提供服务、教育和培训方面，为我们提供了一定的经验和启发。

加强科学监测与技术应用。农业生态环境的科学监测是科学制定环境保护措施的前提，有利于我们清楚地认识生态环境的现状和变化。同时，保护生态环境除了减少污染排放外，转变生产方式，研究绿色生态的可替代农业投入品将是一种更为高效经济的方式。大力发展有机农业、生物农药、生物有机肥等生物技术产品，促进农业可持续发展。

六、完善法律法规体系，保障农业健康发展

生态环境保护的法律法规是推进生态文明建设，促进经济社会可持续发展的重要保障。当前，中国已深刻认识到了农业生态环境保护的重要性与必要性，并为此制定了一系列法律法规。但是，现有的法律体系不够系统，立法内容不够具体、缺乏程序性规定，在具体法律实践中难以发挥有效作用。当前，中国的环境法律制度立法仍是重污染防治、轻生态保护，重点源污染、轻区域治理，重两端控制、轻全过程控制。所以，形成较为完善的法律法规体系，依

然是当前的重要任务。必须尽快制定并出台专门的法律，如针对面源污染等问题设置独立的规章制度，并分别进行详细规定。同时，在土地沙漠化、大气污染等方面设立技术规范，推进形成一套完备的环境标准制度与体系。要健全农业生态补偿制度，针对保护环境的良好行为，要给予补贴；针对损害环境的行为，必须予以处罚。

七、深化农村改革，激发农村活力

农业发展离不开农民和农村。农村生产力得到解放，农民生活富足，农村社会和谐稳定，农业现代化才能跨越式发展。要深化农村改革，激发农村活力，促进农业生产力进一步解放和发展。首先，要改善农村居民的社会和物质基础设施，提高生活质量。比如，提供可改善生活质量的配套基础设施和服务，以家庭为基础，以合理的价格提供信息和通信技术；为乡村的固体废弃物建立专门的废弃物管理系统，并鼓励对废水进行生物处理；改善乡村学校的硬件设施，并增加活跃的乡村学校的数量。其次，要加快推进农业机械化和自动化推广，并对农业劳动者进行定期培训，培养高素质农民，提高劳动力水平和能力。加强针对农村经济的正规教育服务和职业培训机会，制定针对农村地区成年人的职业培训计划，提高农村居民点在各级正规教育中提供的教育服务的质量。最后，要促进民间活动，以提高农村社区的能力。农村建设是农业发展的基础，实施乡村建设行动，全面推进乡村振兴，才能更好地促进农业高质高效发展。

参 考 文 献

安维华，1988. 土耳其土地关系的演变和农业生产的发展 ［J］. 西亚非洲（2）：41-48.

伯纳德·路易斯，2017. 中东两千年 ［M］. 北京：国际文化出版公司.

蔡鸿毅，陈珏颖，刘合光，2016. 中国与"一带一路"沿线国家的农产品贸易现状分析 ［J］. 中国食物与营养，22（9）：46-50.

曹瑞涛，2010. 在计划经济与市场经济间震荡的富国方略：20世纪土耳其经济改革述评 ［J］. 西亚非洲（6）：24-29，79.

程国强，1999. 中国农产品贸易：格局与政策 ［J］. 管理世界（3）：3-5.

丁世豪，布娲鹣·阿布拉，2015. 丝绸之路经济带背景下中国与土耳其的农产品贸易优化之路 ［J］. 对外经贸实务（1）：47-50.

龚金龙，金萍，2011. 土耳其烟草生产及公共卫生政策分析 ［J］. 安徽农学通报（15）：18-19.

郭慧峰，2020. 基于农产品贸易格局变化下的中国农业海外投资区域布局及策略建议 ［J］. 对外经贸实务（3）：81-84.

郭剑霞，2015. 对以色列和土耳其农业的考察与启示 ［J］. 杭州农业与科技（1）：45-47.

郭卫，2014. 土耳其农化市场：一个值得战略布局的市场 ［J］. 中国农药，10（1）：13.

国家税务总局国际税务司国别投资税收指南课题组，2019. 中国居民赴土税收指南 ［R］. 北京.

哈罗德·拉斯韦尔，2015. 社会传播的结构与功能 ［M］. 北京：中国传媒大学出版社.

哈全安，2016. 中东国家史 610—2000：奥斯曼帝国史 ［M］. 天津：天津人民出版社.

哈全安，2018. 20世纪中叶中东国家的土地改革 ［J］. 经济社会史评论（1）：55-69，127.

韩清瑞，高祥照，2014. 以色列、土耳其节水农业发展状况与启示 ［J］. 中国农业信息（4）：13-15.

韩廷和，2003. 土耳其农业和农机化发展情况（上）［J］. 山东农机化（8）：23.

何景熙，1982. 土耳其的农业及其进展 ［J］. 世界农业（7）：9-10.

何盛明，1990. 财经大辞典 ［M］. 北京：中国财政经济出版社.

胡萍，2013. 国内外农村合作社理论与实践发展的比较研究 ［D］. 武汉：武汉工程大学.

黄维民，1993. 战后土耳其经济发展的历史考察及评析 [J]. 西北大学学报（哲学社会科学版）
　　（3）：33-42.

冀思媛，2019. 中国农业对外直接投资发展阶段及影响因素研究 [D]. 杨凌：西北农林科技
　　大学.

金书秦，韩冬梅，2020. 农业生态环境治理体系：特征、要素和路径 [J]. 环境保护，48（8）：
　　15-20.

柯炳生，2000. 对推进我国基本实现农业现代化的几点认识 [J]. 中国农村经济（9）：4-8.

李灯华，梁丹辉，2015. 国外农业信息化的先进经验及对中国的启示 [J]. 农业展望，11（5）：
　　57-60.

李娟梅，2020. 土耳其乡村旅游发展对我国的启示 [J]. 北方园艺，468（21）：164-170.

李随祥，2004. 由土耳其灌溉农业管理模式引发的思考 [J]. 科技情报开发与经济（9）：88-
　　89.

李志强，2016. 土耳其经济发展综述（1800—1980）[J]. 中国市场（50）：204-206.

林毅夫，1994. 中国农业在要素市场交换受到禁止下的技术选择：制度、技术与中国农业发
　　展 [M]. 上海：上海人民出版社.

刘纪荣，程婧涵，2015. 简论土耳其的乡村发展合作社 [J]. 中国集体经济（20）：34-38.

刘佳宁，2019. 我国企业对外农业投资影响因素分析及投资决策研究 [D]. 北京：北京交通
　　大学.

刘馨蔚，2016."土耳其-2023"计划为海外投资带来更大潜力 [J]. 中国对外贸易（8）：
　　74-75.

潘旭东，王江丽，吴玲，等，2019. 亚洲中部干旱区绿洲水热匹配与生物、农业技术适应性分
　　析 [J]. 干旱区研究，36（1）：55-60.

庞守林，2006. 中国主要农产品国际竞争力研究 [M]. 北京：中国财政经济出版社.

商务部国际贸易经济合作研究院，2018. 对外投资合作国别（地区）指南：土耳其 [R]. 北京.

商务部国际贸易经济合作研究院，2019. 对外投资指南：土耳其 [R]. 北京.

速水佑次郎，弗农·拉坦，2000. 农业发展的国际分析（修订扩充版）[M]. 郭熙保，张进铭，
　　等，译. 北京：社会科学文献出版社.

速水佑次郎，神门善久，2003. 农业经济论（新版）[M]. 沈金虎，周应恒，张玉林，译. 北
　　京：中国农业出版社.

陶传友，2004. 灌溉农业铺筑土耳其可持续发展之路 [J]. 世界农业（2）：33-35，39.

土耳其工商业家协会，1982.1981年的土耳其经济 [R]. 伊斯坦布尔.

托森·阿里坎利，王爵鸾，1991. 农业关系与国家：苏丹和土耳其的政策比较 [J]. 国际社会
　　科学杂志（中文版）（2）：89-105.

王宏新，柴铎，刘学敏，2010. 土耳其GAP项目对中国西南地区水资源开发的启示 [J]. 经济

地理，30（11）：1767 - 1772.

王辉，2018. 土耳其土地制度的变迁（1300—1973）［J］. 农业考古（6）：224 - 232.

王莉莉，2018. 土耳其改革进行时　催生诸多投资商机［J］. 中国对外贸易（5）：70 - 71.

王士海，李先德，2017. 经营规模大的农户更倾向于传播新技术吗［J］. 农业技术经济（4）：
　　76 - 82.

王燕青，武拉平，2017. 国外农产品期货市场发展及在农业发展中的应用［J］. 世界农业（5）：
　　4 - 12.

王艳霞，张梦，李慧，2013. 中国农业信息服务系统建设［M］. 北京：经济科学出版社.

魏敏，2012. 旅游业发展的政府行为研究［D］. 北京：中国社会科学院研究生院.

魏敏，2012. 土耳其旅游业浅析［J］. 西亚非洲（3）：141 - 152.

沃尔蒂娜·舒曼，周立学，2009. 关于控制盐渍化的制度安排：以土耳其为例［J］. 现代农业
　　科技（22）：303 - 304.

西奥多·W. 舒尔茨，2006. 改造传统农业［M］. 梁小民，译. 北京：商务印书馆.

悉纳·阿克辛，2016. 土耳其的崛起（1789 年至今）［M］. 吴奇俊，刘春燕，译. 北京：社会
　　科学文献出版社.

许燕，施国庆，2009. 土耳其水资源及其开发与利用［J］. 节水灌溉（12）：54 - 57.

杨曼苏，1986. 土耳其农业发展政策的沿革及其特点［J］. 西亚非洲（2）：23 - 32.

杨敏丽，白人朴，2004. 农业机械化与农业国际竞争力的关系研究［J］. 中国农机化（6）：
　　3 - 9.

杨兆钧，2018. 土耳其现代史［M］. 昆明：云南大学出版社.

约瑟夫·斯蒂格利茨，2009. 信息经济学：基本原理（上）［M］. 纪沫，陈工文，李飞跃，译.
　　北京：中国金融出版社.

张丽君，2016. "一带一路"沿线国家经济：土耳其经济［M］. 北京：中国经济出版社.

张亚中，朱艳梅，2006. 对新形势下农业现代化特征的重新认识［J］. 陕西农业科学（1）：
　　98 - 100.

中共中央马克思恩格斯列宁斯大林著作编译局（编译），1990. 列宁全集［M］. 2 版. 北
　　京：人民出版社.

中华人民共和国商务部，2019. 中国对外投资发展报告 2019［R］. 北京.

朱满德，邓丽群，袁祥州，2019. 价格支持抑或直接补贴：中等收入经济体农业政策改革趋
　　向——对墨西哥、土耳其、哥伦比亚、哥斯达黎加的考察与比较［J］. 世界农业（12）：
　　10 - 20，133.

AKBAY C，YURDAKUL O，1993. Marketing of pesticides and problems faced by the farmers of
　　Lower Seyhan Plain［J］. Faculty Agric，8：13 - 28.

AKCA H，SAYILI M，DUZDEMIR O，et al.，2008. Information sources for farmers and factors affecting seed and agrochemicals usage: The case of Turkey [J]. Symposium on Agric, 211 - 214.

AKIN B S, OĜULCAN KLRMLZLGÜL, 2017. Heavy metal contamination in surface sediments of Gökçekaya Dam Lake, Eskişehir, Turkey [J]. Environmental Earth Sciences, 11: 402.

AKKUS C G, 2018. Selected studies on rural tourism and development [M]. Newcastle-upon-Tyne: Cambridge Scholars Press.

ASRAT S, YESUF M, CARLSSON F, et al., 2010. Farmers' preferences for crop variety traits: Lessons for on-farm conservation and technology adoption [J]. Ecological Economics, 69: 2394 - 2401.

ATASEVEN Y, SUMELIUS J, 2014. The evaluation of agri-environmental policies in Turkey and the European Union [J]. Fresenius Environmental Bulletin, 8: 2045 - 2053.

ATES H C, YILMAZ H, DEMIRCAN V, et al., 2017. How did post-2000 agricultural policy changes in Turkey affect farmers? — A focus group evaluation [J]. Land Use Policy, 69: 298 - 306.

AÇMA, BÜLENT, 2001. Sustainable regional development: The GAP project in Turkey [R]. Invited Paper in International Atlantic Economic Conferences, Athens, in Greece, (3): 13 - 20.

BAHATTI nAKDEMIR, 2015. 土耳其农业机械化现状及解决方案 [J]. 现代农业装备 (1): 69 - 70.

BALASSA B, 1965. Trade liberalization and revealed comparative advantage [J]. Manchester School, 2: 99 - 123.

BALTAS H, SIKIN M, GÖKBAYRAK E, et al., 2020. A case study on pollution and a human health risk assessment of heavy metals in agricultural soils around Sinop province, Turkey-Science Direct [J]. Chemosphere, 241: 125015.

BERBEROGLU S, CILEK A, KIRKBY M, et al., 2020. Spatial and temporal evaluation of soil erosion in Turkey under climate change scenarios using the Pan-European Soil Erosion Risk Assessment (PESERA) model [J]. Environmental Monitoring and Assessment, 491: 1 - 22.

BOZ I, 2002. Does early adoption influence farmers' use of the extension service? [J]. Journal of International Agricultural and Extension Education, 9: 77 - 82.

BOZ I, 2010. Determining information sources used by crop producers: A case study of Gaziantep Province in Turkey [J]. African Journal of Agricultural Research, 5: 980 - 987.

BRUMFIELD R G, ÖZKAN B, 2016. Gender analysis of labor and resources in greenhouse vegetable production in the Antalya Province of Turkey [J]. HortScience, 51: 1547 - 1554.

CANAN S, CEYHAN V, 2020. The link between production efficiency and opportunity cost of protecting environment in TR83 region，Turkey［J］. Environmental Science and Pollution Research（2）：1 – 14.

DEMIRDÖĞEN A，OLHAN E，CHAVAS J P，2016. Food vs. fiber：An analysis of agricultural support policy in Turkey［J］. Food Policy，61：1 – 8.

DEMIRYUREK K，2010. Analysis of information systems and communication networks for organic and conventional hazelnut producers in the Samsun Province of Turkey［J］. Organic Agriculture，103：444 – 452.

DEMIRYÜREK K，STOPES C，GÜZEL A，2008. Organic agriculture：The case of Turkey ［J］. Outlook on Agriculture，37：261 – 267.

DURAN C，GUNEK H，SANDAL E K，2012. Effects of urbanization on agricultural lands and river basins：case study of Mersin（South of Turkey）［J］. Environ Biol，2：363 – 371.

EMIN I，MURAT Y，2014. Agricultural situation report for Turkey［R］. Medfrol Project.

HANUSHEK E A，KIMKO D D，2000. Schooling，labor-force quality，and the growth of nations［J］. American Economic Review，90：1184 – 1208.

HANUSHEK E A，WOESSMANN L，2012. Do better school lead to more growth? Cognitive skills，economic outcomes，and causation［J］. Journal of Economic Growth，17：267 – 321.

IRVEM A，TOPALOGLU F，UYGUR V，2007. Estimating spatial distribution of soil loss over Seyhan River basin in Turkey［J］. Journal of Hydrology，23：30 – 37.

KAHRAMAN A CEYHAN E，2012. The importance of bioconservation and biodiversity in Turkey［J］. International Journal of Bioscience Biochemistry and Bioinformatics，17：95 – 99.

KANDAL M，Uzlu E，2014. The status of trans boundary rivers in Turkey［J］. Water Resources，41：649 – 665.

KOJIMO K，1964. The pattern of international trade among advanced countries，Hitotsubashi ［J］. Journal of Economics，5：16 – 36.

KONYALI S，BAŞARAN B，ORAMAN Y，2018. Support policies for organic farming in turkey ［J］. New Knowledge Journal of Science，7：755 – 762.

KUCUKOSMANOLU A，et al.，2020. Investigation of the metal pollution sources in Lake Mogan，Ankara，Turkey［J］. Biological Trace Element Research，1：269 – 282.

KUDEN A B，BUDAK D B，NAZLI A R，2012. Agricultural higher education for sustainable rural development in Turkey［J］. Journal of Agricultural Science and Technology，2：652 – 658.

MARDIN S，HALE W，2014. The political and economic development of modern Turkey［J］. International Affairs，3：15 – 35.

M. 贝阿济特，1998. 土耳其水资源规划和开发及管理［J］. 水利水电快报，19（18）：22 – 27.

OECD, 2008. Environmental performance of agriculture in OECD countries since 1990 [R]. Paris: OECD Publishing. http://dx.doi.org/10.1787/9789264040854-en.

OECD, 2016. Innovation, agricultural productivity and sustainability in Turkey [R]. OECD Food and Agricultural Reviews.

OGUZ C, 2015. Importance of rural women as part of the population in Turkey [J]. Journal of European Countryside, 7: 101 – 110.

OSKAM A J, BURRELL A M, TEMEL T, et al., 2004. Turkey in the European Union: consequences for agriculture, food, rural areas and structural policy [J]. Plant & Soil, 227: 301 – 306.

OZCATALBAS O, et al., 2004. The agricultural information system for farmers in Turkey [J]. Information Development, 20: 97 – 105.

OZCATALBAS O, GURGEN Y, 1992. Information sources of maize growers in the Lower Seyhan Project Area [J]. Journal of the Faculty of Agriculture, 7: 63 – 78.

OZCEK A E, 2016. Driving initiatives for future improvements of specialty agricultural crops [J]. Computers and Electronics in Agriculture, 121: 122 – 134.

POLAT H E, OLGUN M, 2004. Analysis of the rural dwellings at new residential areas in the Southeastern Anatolia, Turkey [J]. Building & Environment, 12: 1505 – 1515.

PRITCHETT L, 2001. Where has all the education gone? [J]. World Bank Economic Review, 15: 367 – 391.

ROLING N, 1988. Extension science: information systems in agricultural development [M]. Cambridge: Cambridge University Press.

SAHINLI M A, 2013. A comparison of organic agriculture between Turkey and Europe [J]. Journal of Animal and Veterinary Advances, 12: 123 – 127.

SEHNAZ S, et al., 2020. Hydro-chemical and microbiological pollution assessment of irrigation water in Klzlllrmak Delta (Turkey) [J]. Environ Pollut, 266: 1 – 10.

THAKUR J KÇ, 2012. Erratum to: ecological monitoring of wetlands in semi-arid region of Konya closed Basin, Turkey [J]. Regional Environmental Change, 12: 133 – 144.

YALCIN M, BOZ I, 2007. Information sources of greenhouse growers in Kumluca District [J]. Bahce, 36: 1 – 10.

ZURCHER E J, 1993. Turkey: A modern history [J]. I. B. Tauris, 73: 3.

ÇOLAK A M, TOPAL N, 2016. Organic agriculture in Province of Usak in Turkey [J]. Agrofor (1): 143 – 147.

ÖZBILGE Z, 2007. An analysis of organic agriculture in Turkey: The current situation and basic constraints [J]. Journal of Central European Agriculture, 8: 213 – 222.

ÖZKAN B, 2000. Development constraints analysis for gender growing greenhouse vegetables in Antalya, Turkey [J]. International Symposium on Horticultural Economics, 536: 411-418.

ÖZTÜRK M, ÖZÖZEN G, MINARECI O, et al., 2009. Determination of heavy metals in fish, water and sediments of Avsar Dam Lake in Turkey [J]. Iranian Journal of Environmental Health Science & Engineering, 2: 73-80.

图书在版编目（CIP）数据

土耳其农业 / 李春顶主编. —北京：中国农业出版社，2021.12
（当代世界农业丛书）
ISBN 978-7-109-28897-3

Ⅰ.①土… Ⅱ.①李… Ⅲ.①农业经济－研究－土耳其 Ⅳ.①F337.4

中国版本图书馆 CIP 数据核字（2021）第 220343 号

土耳其农业
TUERQI NONGYE

中国农业出版社出版
地址：北京市朝阳区麦子店街 18 号楼
邮编：100125
出版人：陈邦勋
策划统筹：胡乐鸣　苑　荣　赵　刚　徐　晖　张丽四　闫保荣
责任编辑：郑　君　杨　春
版式设计：王　晨　　责任校对：周丽芳
印刷：北京通州皇家印刷厂
版次：2021 年 12 月第 1 版
印次：2021 年 12 月北京第 1 次印刷
发行：新华书店北京发行所
开本：787mm×1092mm　1/16
印张：12.25
字数：210 千字
定价：68.00 元

版权所有·侵权必究
凡购买本社图书，如有印装质量问题，我社负责调换。
服务电话：010-59195115　010-59194918